Hermann Wellers

Formelsammlung Physik

Cornelsen

Die Deutsche Bibliothek – CIP-Einheitsaufnahme
Wellers, Hermann:
Formelsammlung Physik / Hermann Wellers. – 1. Aufl., 1. Dr. – Berlin : Cornelsen, 1998
(Fachwissen kompakt)
ISBN 3-464-49759-3

1. Auflage ✔ Druck 4 3 2 1 Jahr 01 2000 99 98

Druck: Lengericher Handelsdruckerei, Lengerich/Westfalen

ISBN 3-464-49759-3

Bestellnummer 497593

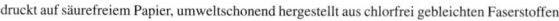

gedruckt auf säurefreiem Papier, umweltschonend hergestellt aus chlorfrei gebleichten Faserstoffen

Inhaltsverzeichnis

1. Griechisches Alphabet

Alpha	Beta	Gamma	Delta	Epsilon	Zeta	Eta	Theta	Jota	Kappa	Lambda
$A\ \alpha$	$B\ \beta$	$\Gamma\ \gamma$	$\Delta\ \delta$	$E\ \varepsilon$	$Z\ \zeta$	$H\ \eta$	$\Theta\ \vartheta$	$I\ \iota$	$K\ \varkappa$	$\Lambda\ \lambda$

My	Ny	Xi	Omikron	Pi	Rho	Sigma	Tau	Ypsilon	Phi	Chi	Psi	Omega
$M\ \mu$	$N\ \nu$	$\Xi\ \xi$	$O\ o$	$\Pi\ \pi$	$P\ \varrho$	$\Sigma\ \sigma$	$T\ \tau$	$\Upsilon\ \upsilon$	$\Phi\ \varphi$	$X\ \chi$	$\Psi\ \psi$	$\Omega\ \omega$

2. Einheiten

Eine Einheit ist eine aus der Menge gleichartiger Größen ausgewählte und festgelegte Bezugsgröße für die quantitative Darstellung einer physikalischen Größe. Die heute gültigen Basiseinheiten des SI-Systems sind:

Basisgröße	Basiseinheit	Basisgröße	Basiseinheit
Länge	Meter	Temperatur	
Masse	Kilogramm	(thermodynamische Temperatur)	Kelvin
Zeit	Sekunde	Lichtstärke	Candela
Elektr. Stromstärke	Ampere	Stoffmenge	Mol

Dezimale Vielfache und Teile von Einheiten

Zehner-Potenz	Vorsatz	Vorsatz-zeichen	Zehner-potenz	Vorsatz	Vorsatz-zeichen
10^6	Mega	M	10^{-2}	Zenti	c
10^3	Kilo	k	10^{-3}	Milli	m
10^2	Hekto	h	10^{-6}	Mikro	µ
10	Deka	da	10^{-9}	Nano	n
10^{-1}	Dezi	d	10^{-12}	Piko	p

3. Mathematische Zeichen

Zeichen	Sprechweise; Erläuterung	Zeichen	Sprechweise; Erläuterung	Zeichen	Sprechweise; Erläuterung
…	und so weiter, bis	~	proportional, bzw. ähnlich	≙	entspricht; z.B. 6 kg ≙ 100 %, lies 6 kg entspricht 100 %
=	gleich				
≡	identisch gleich	≈	angenähert, nahezu gleich (rund, etwa)		
≠	nicht gleich, ungleich			<	kleiner als

Zeichen	Sprechweise; Erläuterung	Zeichen	Sprechweise; Erläuterung	Zeichen	Sprechweise; Erläuterung
$>$	größer als	$\parallel$	parallel	∞	unendlich
$\leq$	kleiner oder gleich	$\uparrow\uparrow$	gleichsinnig parallel	π	pi; Ludolphsche Zahl $\pi = 3{,}141\,59\ldots$
$\geq$	größer oder gleich				
$+$	plus, und	$\perp$	senkrecht auf	$\log_a$	Logarithmus der Basis a
$-$	minus, weniger	$\triangle$	Dreieck		
$\cdot \; \times$	mal, multipliziert mit	$\cong$	kongruent	lg	Zehnerlogarithmus (Briggsscher Logarithmus)
		$\sphericalangle$	Winkel		
$- \; / \; :$	geteilt durch, zu; in Gleichungen möglichst den waagerechten Strich benutzen	$\overline{AB}$	Strecke AB	ln	natürlicher Logarithmus
		$\overset{\frown}{AB}$	Bogen AB	e	e; Basis der natürl. Logarithmen $e = 2{,}718\,28\ldots$
		$\sum$	Summe; z.B. $\sum l$		
%	Prozent, vom Hundert; $1\,\% = 10^{-2}$	Δ	Differenz; z.B. $\Delta\vartheta$		
		$\prod$	Produkt	sin	Sinus } Trigonometrische Funktionen
				cos	Cosinus } Trigonometrische Funktionen
‰	Promille, vom Tausend; $1‰ = 10^{-3}$	$\sqrt{}$	Quadratwurzel aus	tan	Tangens } Trigonometrische Funktionen
		$\sqrt[n]{}$	*n*-te Wurzel aus	cot	Cotangens } Trigonometrische Funktionen

4. Mechanik

4.1 Kräfte

Gleichungs-bezeichnung	Gleichung	Bedeutung der Formelzeichen	Ein-heiten	Erläuterungen
Kräfte mit gleicher Wirkungslinie	$\boldsymbol{F = F_1 + F_2}$ $F_1 = F - F_2$ $F_2 = F - F_1$	F = resultierende Kraft F_1, F_2 = Teilkräfte	F in N F_1, F_2 in N	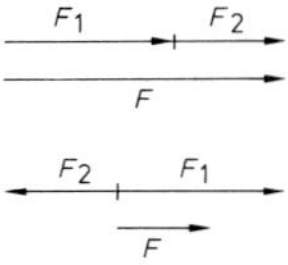 algebraische Addition

Gleichungs-bezeichnung	Gleichung	Bedeutung der Formelzeichen	Ein-heiten	Erläuterungen
Kräfte mit gemeinsamem Angriffspunkt	$\vec{F} = \vec{F}_1 + \vec{F}_2$ $\vec{F}_1 = \vec{F} - \vec{F}_2$ $\vec{F}_2 = \vec{F} - \vec{F}_1$	$\vec{F}$ = resultierende Kraft $\vec{F}_1, \vec{F}_2$ = Teilkräfte	$\vec{F}$ in N $\vec{F}_1, \vec{F}_2$ in N	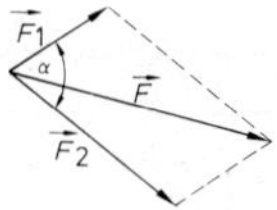 $F = \sqrt{F_1^2 + F_2^2 + F_1 \cdot F_2 \cdot \cos(180° - \alpha)}$ **Betrag** der resultierenden Kraft
Kräfte mit gemeinsamem Angriffspunkt, die einen rechten Winkel miteinander bilden	$F = \sqrt{F_1^2 + F_2^2}$ $F_1 = \sqrt{F^2 - F_2^2}$ $F_2 = \sqrt{F^2 - F_1^2}$	F = resultierende Kraft F_1, F_2 = Teilkräfte	F in N F_1, F_2 in N	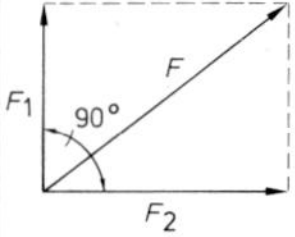

Resultierende mehrerer Kräfte mit gemeinsamem Angriffspunkt	$\vec{F} = \vec{F}_1 + \vec{F}_2 + \vec{F}_3 + \cdots$	$\vec{F}$ = resultierende Kraft $\vec{F}_1, \vec{F}_2, \vec{F}_3 \ldots$ = Teilkräfte	$\vec{F}$ in N $\vec{F}_1, \vec{F}_2, \vec{F}_3$ … in N	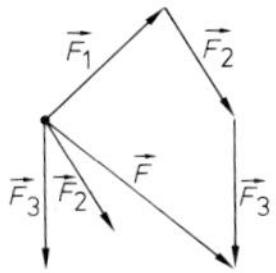 Kräftevieleck (Kräftepolygon)
Kräfte-zerlegung	$F_x = F \cdot \cos\alpha$ $F_y = F \cdot \sin\alpha$	F = Kraft F_x = Komponente in x-Richtung F_y = Komponente in y-Richtung α = Winkel zwischen Kraftrichtung und Horizontale	F in N F_x in N F_y in N	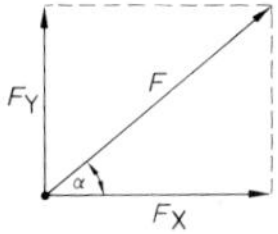

4.2 Drehmoment, Hebel

Gleichungs-bezeichnung	Gleichung	Bedeutung der Formelzeichen	Ein-heiten	Erläuterungen
Drehmoment	$\boldsymbol{M = F \cdot r}$ $F = \frac{M}{r}$ $r = \frac{M}{F}$	M = Drehmoment F = Kraft r = Abstand der Kraft vom Drehpunkt	M in Nm F in N r in m	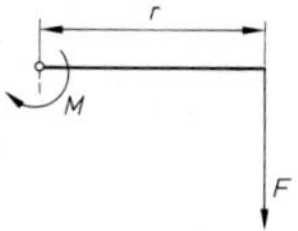
Drehmoment	$\boldsymbol{M = F \cdot a \cdot \sin \alpha}$ $F = \frac{M}{a \cdot \sin \alpha}$ $a = \frac{M}{F \cdot \sin \alpha}$	M = Drehmoment F = Kraft a = Abstand Angriffspunkt der Kraft — Drehpunkt α = Winkel zwischen F und r	M in Nm F in N a in m	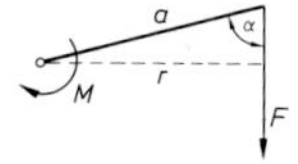 $r = a \cdot \sin \alpha$

Gleich-gewichts-bedingungen	$\sum F_x = 0$ $\sum F_y = 0$ $\sum M = 0$	$\sum F_x$ = Kräfte in x-Richtung $\sum F_y$ = Kräfte in y-Richtung $\sum M$ = Summe der Momente	$\sum F_x$ in N $\sum F_y$ in N $\sum M$ in Nm	
Hebel, einseitiger	$F_1 \cdot a = F_2 \cdot b$ $F_1 = F_2 \cdot \frac{b}{a}$ $F_2 = F_1 \cdot \frac{a}{b}$ $a = b \cdot \frac{F_2}{F_1}$ $b = a \cdot \frac{F_1}{F_2}$	F_1, F_2 = Kräfte a, b = Abstände (siehe Abbildung)	F_1, F_2 in N a, b in m	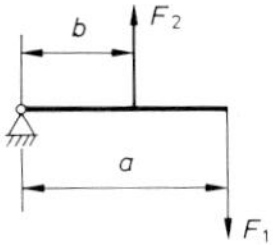

Gleichungsbezeichnung	Gleichung	Bedeutung der Formelzeichen	Einheiten	Erläuterungen
Hebel, zweiseitiger	$\boldsymbol{F_1 \cdot a = F_2 \cdot b}$ $F_1 = F_2 \cdot \frac{b}{a}$ $F_2 = F_1 \cdot \frac{a}{b}$ $a = b \cdot \frac{F_2}{F_1}$ $b = a \cdot \frac{F_1}{F_2}$	F_1, F_2 = Kräfte a, b = Abstände (siehe Abbildung)	F_1, F_2 in N a, b in m	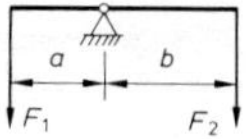

Gleichungs-bezeichnung	Gleichung	Bedeutung der Formelzeichen	Ein-heiten	Erläuterungen
Winkelhebel	$\mathbf{F_1 \cdot a = F_2 \cdot b}$ $F_1 = F_2 \cdot \frac{b}{a}$ $F_2 = F_1 \cdot \frac{a}{b}$ $a = b \cdot \frac{F_2}{F_1}$ $b = a \cdot \frac{F_1}{F_2}$	F_1, F_2 = Kräfte a, b = Abstände (siehe Abbildung)	F_1, F_2 in N a, b in m	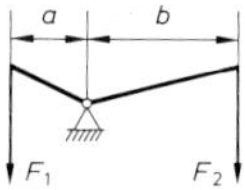
Hebel mit mehreren angreifenden Kräften	$\mathbf{F_4 \cdot a_4 = F_1 \cdot a_1 + F_2 \cdot a_2 + F_3 \cdot a_3}$	$F_1 \cdots F_4$ = Kräfte $a_1 \cdots a_4$ = Abstände (siehe Abbildung)	$F_1 \cdots F_4$ in N $a_1 \cdots a_4$ in m	$\sum \widehat{M} = \sum \widehat{M}$ 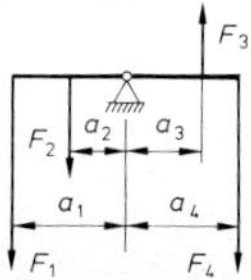

Gleichungs-bezeichnung	Gleichung	Bedeutung der Formelzeichen	Ein-heiten	Erläuterungen
Auflagerkräfte	$\sum \widehat{M}_B = 0$ $F_A \cdot b - F_1 a_1 - F_2 a_2 + F_3 a_3 = 0$ $F_A b = F_1 a_1 + F_2 a_2 - F_3 a_3$ Die rechtsdrehenden Momente werden hier *willkürlich* positiv gerechnet. Dann sind die linksdrehenden negativ zu rechnen.	$F_A, F_1 \cdots F_3$ = Kräfte $b, a_1 \cdots a_3$ = Abstände (siehe Abbildung)	F_A, $F_1 \cdots F_3$ in N $b, a_1 \cdots a_3$ in m	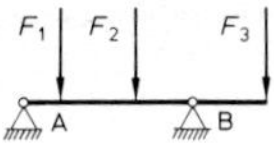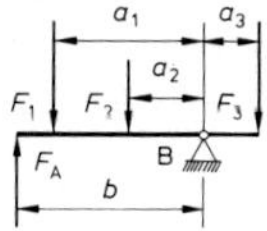Die Summe der Momente um den Punkt B ist Null.

4.3 Einfache Maschinen

Gleichungsbezeichnung	Gleichung	Bedeutung der Formelzeichen	Einheiten	Erläuterungen
Winde	$\boldsymbol{F = \frac{G \cdot r \cdot r_1}{R \cdot R_1}}$ $G = \frac{F \cdot R \cdot R_1}{r \cdot r_1}$ $r = \frac{F \cdot R \cdot R_1}{G \cdot r_1}$ $r_1 = \frac{F \cdot R \cdot R_1}{G \cdot r}$ $R = \frac{G \cdot r \cdot r_1}{F \cdot R_1}$ $R_1 = \frac{G \cdot r \cdot r_1}{F \cdot R}$	F = Kraft zur Betätigung der Winde G = Gewichtskraft r, r_1, R, R_1 = Radien entsprechend der Abbildung	F, G in N r, r_1, R, R_1 in m	Als Formelzeichen für die Gewichtskraft wird auch F_G verwendet. 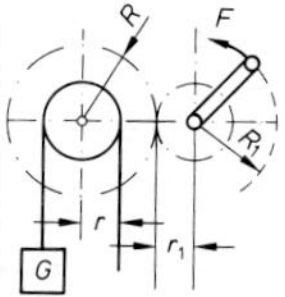

Gleichungs-bezeichnung	Gleichung	Bedeutung der Formelzeichen	Ein-heiten	Erläuterungen
Feste Rolle	$\boldsymbol{F = G}$	F = Kraft G = Gewichtskraft, auch F_G	F, G in N	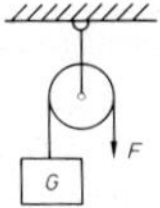
Lose Rolle	$\boldsymbol{F = \frac{G}{2}}$ $G = 2F$	F = Kraft G = Gewichtskraft, auch F_G	F, G in N	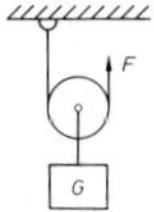
Flaschenzug	$\boldsymbol{F = \frac{G}{n}}$ $G = F \cdot n$ $n = \frac{G}{F}$	F = Kraft G = Gewichtskraft, auch F_G n = Anzahl der Rollen	F, G in N	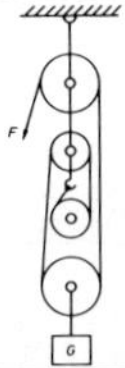

Differential-flaschenzug	$\boldsymbol{F = G\,\frac{R-r}{2R}}$ $G = F\,\frac{2R}{R-r}$ $r = R\left(1 - 2\,\frac{F}{G}\right)$ $R = \frac{r}{1 - 2\,\frac{F}{G}}$	F = Kraft G = Gewichtskraft, auch F_G r, R = Radien (siehe Abbildung)	F, G in N r, R in m	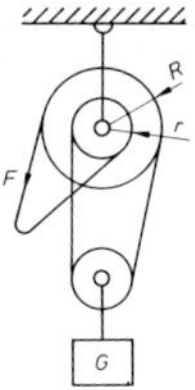
Schiefe Ebene	$\boldsymbol{F \cdot s = G \cdot h}$ $F = \frac{G \cdot h}{s}$ $G = \frac{F \cdot s}{h}$ $s = \frac{G \cdot h}{F}$ $h = \frac{F \cdot s}{G}$	F = Kraft G = Gewichtskraft, auch F_G s = Länge der schiefen Ebene h = Höhe der schiefen Ebene	F, G in N s, h in m	

Gleichungs-bezeichnung	Gleichung	Bedeutung der Formelzeichen	Ein-heiten	Erläuterungen
	$\boldsymbol{F_H = G \cdot \frac{h}{s}}$ $\boldsymbol{= G \cdot \sin\alpha}$ $\boldsymbol{F_N = G \cdot \frac{l}{s}}$ $\boldsymbol{= G \cdot \cos\alpha}$	F_H = Hang-abtriebskraft F_N = Normalkraft l = Basis der schiefen Ebene G = Gewichtskraft, auch F_G	F_H, F_N in N l in m	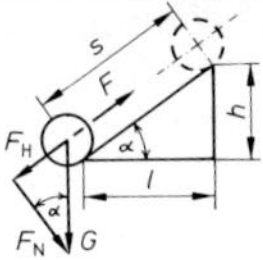
Keil	$\boldsymbol{F_N = F \cdot \frac{s}{r}}$ $F = F_N \cdot \frac{r}{s}$ $s = r \cdot \frac{F_N}{F}$ $r = s \cdot \frac{F}{F_N}$	F = Kraft, die auf den Keilrücken wirkt F_N = Flankenkraft des Keils s = Flankenlänge r = Keilrückenbreite	F, F_N in N s, r in m	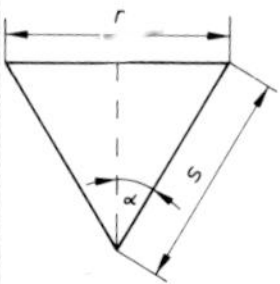 $\sin\alpha = \frac{r}{2s}$ $\frac{s}{r} = \frac{1}{2 \cdot \sin\alpha}$ $F_N = \frac{F}{2 \cdot \sin\alpha}$

Gleichungs-bezeichnung	Gleichung	Bedeutung der Formelzeichen	Einheiten	Erläuterungen
Schraube	$\boldsymbol{F_1 = \frac{F_2 \cdot h}{2\pi \cdot r}}$ $F_2 = \frac{2\pi \cdot r \cdot F_1}{h}$ $h = \frac{2\pi \cdot r \cdot F_1}{F_2}$ $r = \frac{F_2 \cdot h}{2\pi \cdot F_1}$	F_1 = Kraft zur Schraubendrehung F_2 = Kraft, in Achsrichtung wirkend h = Ganghöhe der Schraube r = Gewinderadius, mittlerer	F_1, F_2 in N h, r in m	Eine Schraube ist eine um eine Achse gewickelte schiefe Ebene. 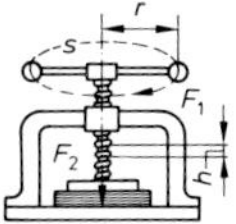

4.4 Kinematik

Gleichungs-bezeichnung	Gleichung	Bedeutung der Formelzeichen	Ein-heiten	Erläuterungen
Geschwindig-keit, gleichförmig	$\boldsymbol{v = \frac{s}{t}}$ $s = v \cdot t$ $t = \frac{s}{v}$	v = Geschwindigkeit s = zurückgelegter Weg t = Zeit, die für den Weg s benötigt wird	v in $\frac{\text{m}}{\text{s}}$ s in m t in s	Gleichung gilt, wenn in gleichen Zeiten gleiche Wege zurückgelegt werden. Allgemein gilt: $v = \frac{\Delta s}{\Delta t}$
Beschleuni-gung, allgemein	$\boldsymbol{a = \frac{\Delta v}{\Delta t}}$	a = Beschleunigung Δv = Geschwindigkeitsänderung Δt = Zeitdauer der Beschleunigung	a in $\frac{\text{m}}{\text{s}^2}$ Δv in $\frac{\text{m}}{\text{s}}$ Δt in s	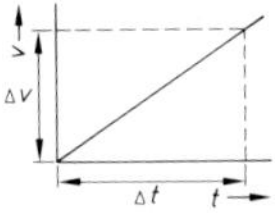 Beschleunigung: $a > 0$ Verzögerung: $a < 0$

Beschleunigung, Bewegung beginnt aus der Ruhe	$\boldsymbol{a = \frac{v}{t}}$ $v = a \cdot t$ $t = \frac{v}{a}$	a = Beschleunigung v = Geschwindigkeit t = Zeit	a in $\frac{m}{s^2}$ v in $\frac{m}{s}$ t in s	$\boldsymbol{v = \sqrt{2a \cdot s}}$ s = zurückgelegter Weg
Zurückgelegte Weglänge	$\boldsymbol{s = \frac{a \cdot t^2}{2} = \frac{v \cdot t}{2}}$ $a = \frac{2s}{t^2}$ $v = \frac{2s}{t}$ $t = \frac{2s}{v} = \sqrt{\frac{2s}{a}}$	s = Weglänge a = Beschleunigung v = Geschwindigkeit t = Zeit	s in m a in $\frac{m}{s^2}$ v in $\frac{m}{s}$ t in s	Gleichung gilt, wenn die Geschwindigkeit aus der Ruhe heraus *gleichmäßig* zunimmt.
Mittlere Geschwindigkeit	$\boldsymbol{v_m = \frac{s}{t} = \frac{a \cdot t}{2}}$ $s = v_m \cdot t$ $t = \frac{s}{v_m} = \frac{2v_m}{a}$ $a = \frac{2v_m}{t}$	v_m = mittlere Geschwindigkeit s = Wegstrecke t = Zeit a = Beschleunigung	v_m in $\frac{m}{s}$ s in m t in s a in $\frac{m}{s^2}$	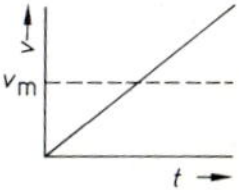

Gleichungs-bezeichnung	Gleichung	Bedeutung der Formelzeichen	Ein-heiten	Erläuterungen
Gleichförmig beschleunigte Bewegung mit Anfangsgeschwindigkeit	$s = \frac{v_1 + v_2}{2} \cdot t$ $s = v_1 \cdot t + \frac{a \cdot t^2}{2}$ $v_2 = v_1 + a \cdot t$ $v_2 = \sqrt{v_1^2 + 2as}$	s = zurückgelegter Weg v_1 = Anfangsgeschwindigkeit v_2 = Endgeschwindigkeit t = Zeitdauer der Beschleunigung a = Beschleunigung	s in m v_1 in $\frac{m}{s}$ v_2 in $\frac{m}{s}$ t in s a in $\frac{m}{s^2}$	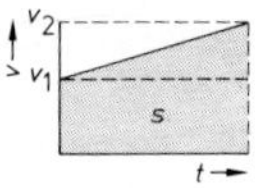
Freier Fall	$h = \frac{v \cdot t}{2} = \frac{g \cdot t^2}{2}$ $v = \frac{2h}{t}$ $t = \frac{2h}{v} = \sqrt{\frac{2h}{g}}$ $v = g \cdot t = \sqrt{2gh}$	h = Fallhöhe v = Fallgeschwindigkeit t = Zeitdauer des Falls g = Schwerebeschleunigung	h in m v in $\frac{m}{s}$ t in s g in $\frac{m}{s^2}$	$g = 9{,}81 \frac{m}{s^2}$

Senkrechter Wurf	$h = \frac{v_0 + v}{2} \cdot t$ $h = v_0 \cdot t + \frac{g \cdot t^2}{2}$ $v = v_0 + g \cdot t$ $v = \sqrt{v_0^2 + 2g \cdot h}$	h = Wurfhöhe v_0 = Anfangsgeschwindigkeit v = Endgeschwindigkeit t = Zeit g = Schwerebeschleunigung	h in m v_0 in $\frac{m}{s}$ v in $\frac{m}{s}$ t in s g in $\frac{m}{s^2}$	$g = 9{,}81 \frac{m}{s^2}$ Beim Wurf nach oben ist die Schwerebeschleunigung $g = -9{,}81 \frac{m}{s^2}$ einzusetzen.
Senkrechter Wurf, maximale Steighöhe	$h_{max} = -\frac{v_0^2}{2g}$ $v_0 = \sqrt{2g \cdot h_{max}}$	h_{max} = maximale Steighöhe v_0 = Anfangsgeschwindigkeit g = Schwerebeschleunigung	h_{max} in m v_0 in $\frac{m}{s}$ g in $\frac{m}{s^2}$	Zeit zur Erreichung der maximalen Steighöhe: $t_{h_{max}} = -\frac{v_0}{g}$

Gleichungsbezeichnung	Gleichung	Bedeutung der Formelzeichen	Einheiten	Erläuterungen
Waagerechter Wurf, zurückgelegter Weg in horizontaler Richtung	$\boldsymbol{s = v_0 \cdot t = v_0 \sqrt{\frac{2h}{g}}}$ $v_0 = \frac{s}{t}$ $t = \frac{s}{v_0}$	s = zurückgelegter Weg in horizontaler Richtung v_0 = Anfangsgeschwindigkeit t = Zeitdauer des Wurfes h = zurückgelegter Weg in vertikaler Richtung g = Schwerebeschleunigung	s in m v_0 in $\frac{m}{s}$ t in s h in m g in $\frac{m}{s^2}$	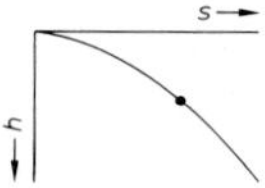 $g = 9.81 \frac{m}{s^2}$
Waagerechter Wurf, zurückgelegter Weg in vertikaler Richtung	$\boldsymbol{h = \frac{g \cdot t^2}{2}}$ $t = \sqrt{\frac{2h}{g}}$	h = zurückgelegter Weg in vertikaler Richtung t = Zeitdauer des Wurfes g = Schwerebeschleunigung	h in m t in s g in $\frac{m}{s^2}$	$g = 9,81 \frac{m}{s^2}$

Waagerechter Wurf, Bahngeschwindigkeit	$v_B = \sqrt{v_0^2 + g^2 \cdot t^2}$	v_B = Bahngeschwindigkeit nach Ablauf der Zeit t v_0 = Anfangsgeschwindigkeit g = Schwerebeschleunigung t = Zeit	v_B in $\frac{m}{s}$ v_0 in $\frac{m}{s}$ g in $\frac{m}{s^2}$ t in s	$g = 9{,}81 \frac{m}{s^2}$
Schräger Wurf, Bahngeschwindigkeit	$v_B = \sqrt{v_0^2 - 2\,g\,h}$	v_B = Bahngeschwindigkeit v_0 = Anfangsgeschwindigkeit h = Wurfhöhe g = Schwerebeschleunigung	v_B in $\frac{m}{s}$ v_0 in $\frac{m}{s}$ h in m g in $\frac{m}{s^2}$	$g = 9{,}81 \frac{m}{s^2}$ 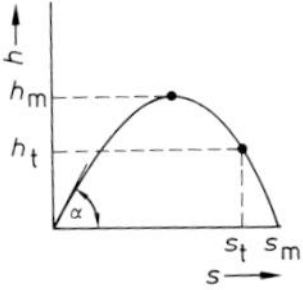

Gleichungs-bezeichnung	Gleichung	Bedeutung der Formelzeichen	Ein-heiten	Erläuterungen
Schräger Wurf, Wurfweite nach Ablauf der Zeit t	$\mathbf{s_t = v_0 \cdot t \cdot \cos\alpha}$ $v_0 = \frac{s_t}{t \cdot \cos\alpha}$ $t = \frac{s_t}{v_0 \cdot \cos\alpha}$ $\alpha = \arccos \frac{s_t}{v_0 \cdot t}$	s_t = Wurfweite nach Ablauf der Zeit t v_0 = Anfangs-geschwindigkeit t = Zeit α = Steigungswinkel	s_t in m v_0 in $\frac{m}{s}$ t in s	siehe Abbildung
Schräger Wurf, Wurfhöhe nach Ablauf der Zeit t	$\mathbf{h_t = v_0 \cdot t \cdot \sin\alpha - \frac{g \cdot t^2}{2}}$	h_t = Wurfhöhe nach Ablauf der Zeit t v_0 = Anfangs-geschwindigkeit α = Steigungswinkel t = Zeit g = Schwere-beschleunigung	h_t in m v_0 in $\frac{m}{s}$ t in s g in $\frac{m}{s^2}$	siehe Abbildung

Schräger Wurf, größte Steighöhe	$\boldsymbol{h_m = \frac{v_0^2 \cdot \sin^2 \alpha}{2g}}$ $v_0 = \frac{\sqrt{2g \cdot h_m}}{\sin \alpha}$	h_m = größte Steighöhe v_0 = Anfangsgeschwindigkeit α = Steigungswinkel g = Schwerebeschleunigung	h_m in m v_0 in $\frac{\text{m}}{\text{s}}$ g in $\frac{\text{m}}{\text{s}^2}$	siehe Abbildung Gleichung gilt nur, wenn schräg *nach oben* geworfen wird ($\alpha > 0$).
Schräger Wurf, größte Wurfweite	$\boldsymbol{s_m = \frac{v_0^2 \cdot \sin 2\alpha}{g}}$ $v_0 = \sqrt{\frac{g \cdot t_m}{\sin 2a}}$	s_m = größte Wurfweite v_0 = Anfangsgeschwindigkeit α = Steigungswinkel g = Schwerebeschleunigung	s_m in m v_0 in $\frac{\text{m}}{\text{s}}$ g in $\frac{\text{m}}{\text{s}^2}$	siehe Abbildung Gleichung gilt nur, wenn Abwurf- und Auftreffpunkt auf gleicher Höhe liegen.

4.5 Drehbewegung (Rotation)

4.5.1 Gleichförmige Drehbewegung

Gleichungs-bezeichnung	Gleichung	Bedeutung der Formelzeichen	Ein-heiten	Erläuterungen
Winkelge-schwindigkeit	$\boldsymbol{\omega = \frac{\varphi}{t}}$ $\varphi = \omega \cdot t$ $t = \frac{\varphi}{\omega}$	ω = Winkel-geschwindigkeit φ = Winkel, um den in der Zeit t gedreht wird t = für die Drehung benötigte Zeit	ω in $\frac{1}{\text{s}}$ t in s φ im Bogenmaß	**Winkel im Bogenmaß** $\boldsymbol{\varphi = \frac{s}{r}}$ 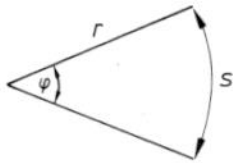 r = Radius s = Kreisbogen-länge φ = Winkel im Bogenmaß

Drehzahl, Drehfrequenz	$\boldsymbol{n = \frac{z}{t}}$ $z = n \cdot t$ $t = \frac{z}{n}$	n = Drehzahl z = Anzahl der Umdrehungen t = Zeitdauer	n in $\frac{1}{s}$ t in s	Umlaufdauer $\boldsymbol{T = \frac{1}{n}}$ Identität zur Frequenz $T = \frac{1}{f}$

4.5.2 Gleichmäßig beschleunigte Drehbewegung

4.5.2.1 Ohne Anfangsgeschwindigkeit

Drehwinkel	$\boldsymbol{\varphi = \frac{1}{2}\,\omega \cdot t}$ $\omega = \frac{2\varphi}{t}$ $t = \frac{2\varphi}{\omega}$	φ = Drehwinkel ω = Winkelgeschwindigkeit nach Ablauf der Zeit t t = Zeitdauer	φ im Bogenmaß ω in $\frac{1}{s}$ t in s	$\boldsymbol{\varphi = \frac{\alpha \cdot t^2}{2}}$ α = Winkelbeschleunigung

Gleichungs-bezeichnung	Gleichung	Bedeutung der Formelzeichen	Ein-heiten	Erläuterungen
Winkelge-schwindigkeit, nach Ablauf der Zeit t	$\boldsymbol{\omega = \alpha \cdot t}$ $\alpha = \frac{\omega}{t}$ $t = \frac{\omega}{\alpha}$	ω = Winkelgeschwindigkeit nach Ablauf der Zeit t α = Winkel-beschleunigung t = Zeitdauer	ω in $\frac{1}{s}$ α in $\frac{1}{s^2}$ t in s	$\boldsymbol{\omega = \sqrt{2\alpha \cdot \varphi}}$ φ = Winkel, um den gedreht wird
Mittlere Winkelge-schwindigkeit	$\boldsymbol{\omega_m = \frac{\alpha \cdot t}{2} = \frac{\varphi}{t}}$ $\alpha = \frac{2\omega_m}{t}$ $t = \frac{2\omega_m}{\alpha} = \frac{\varphi}{\omega_m}$ $\varphi = \omega_m \cdot t$	ω_m = mittlere Winkel-geschwindigkeit α = Winkel-beschleunigung t = Zeitdauer φ = Drehwinkel	ω_m in $\frac{1}{s}$ α in $\frac{1}{s^2}$ t in s φ im Bogenmaß	

4.5.2.2 Mit Anfangsgeschwindigkeit

Drehwinkel	$\boldsymbol{\varphi = \frac{\omega_1 + \omega_2}{2} \cdot t}$	φ = Drehwinkel ω_1 = Anfangswinkel-geschwindigkeit ω_2 = Endwinkel-geschwindigkeit t = Zeitdauer	φ im Bogenmaß ω_1 in $\frac{1}{s}$ ω_2 in $\frac{1}{s}$ t in s	$\boldsymbol{\varphi = \omega_1 \cdot t + \frac{\alpha \cdot t^2}{2}}$ α = Winkelbeschleunigung
Endwinkelgeschwindigkeit	$\boldsymbol{\omega_2 = \omega_1 + \alpha \cdot t}$ $\boldsymbol{\omega_2 = \sqrt{\omega_1^2 + 2\alpha \cdot \varphi}}$	ω_2 = Endwinkel-geschwindigkeit ω_1 = Anfangswinkel-geschwindigkeit α = Winkel-beschleunigung t = Zeitdauer φ = Drehwinkel	ω_1 in $\frac{1}{s}$ ω_2 in $\frac{1}{s}$ α in $\frac{1}{s^2}$ t in s φ im Bogenmaß	

4.5.3 Umfangsbewegung

Gleichungs-bezeichnung	Gleichung	Bedeutung der Formelzeichen	Einheiten	Erläuterungen
Weglänge	$\boldsymbol{s = r \cdot \varphi}$ $r = \frac{s}{\varphi}$ $\varphi = \frac{s}{r}$	s = Weglänge, auf Kreisbahn zurückgelegt r = Radius φ = Drehwinkel	s in m r in m φ im Bogenmaß	
Umfangsgeschwindigkeit, Bahngeschwindigkeit	$\boldsymbol{v = \omega \cdot r}$ $\omega = \frac{v}{r}$ $r = \frac{v}{\omega}$	v = Umfangsgeschwindigkeit ω = Winkelgeschwindigkeit r = Radius	v in $\frac{m}{s}$ ω in $\frac{1}{s}$ r in m	$\boldsymbol{v = d \cdot \pi \cdot f}$ d = Durchmesser f = Frequenz

Umfangs-beschleunigung	$\boldsymbol{a = \alpha \cdot r}$ $\alpha = \frac{a}{r}$ $r = \frac{a}{\alpha}$	a = Umfangs-beschleunigung α = Winkel-beschleunigung r = Radius	a in $\frac{\text{m}}{\text{s}^2}$ α in $\frac{1}{\text{s}^2}$ r in m
Winkelge-schwindigkeit	$\boldsymbol{\omega = 2\pi \cdot f}$ $f = \frac{\omega}{2\pi}$	ω = Winkel-geschwindigkeit f = Frequenz	ω in $\frac{1}{\text{s}}$ f in $\frac{1}{\text{s}}$

4.5.4 Zentralbeschleunigung

Zentral-beschleunigung	$\boldsymbol{a_Z = \omega^2 r = \frac{v^2}{r}}$ $\omega = \sqrt{\frac{a_Z}{r}}$ $r = \frac{a_Z}{\omega^2} = \frac{a_Z}{v^2}$ $v = \sqrt{a_Z \cdot r}$	a_Z = Zentral-beschleunigung ω = Winkel-geschwindigkeit r = Radius v = Bahn-geschwindigkeit	a_Z in $\frac{\text{m}}{\text{s}^2}$ ω in $\frac{1}{\text{s}}$ r in m v in $\frac{\text{m}}{\text{s}}$

4.6 Dynamik

Gleichungs-bezeichnung	Gleichung	Bedeutung der Formelzeichen	Einheiten	Erläuterungen
Kraftwirkungsgesetz, Beschleunigungskraft	$\boldsymbol{F = m \cdot a}$ $m = \frac{F}{a}$ $a = \frac{F}{m}$	F = Beschleunigungskraft m = Masse a = Beschleunigung	F in N m in kg a in $\frac{\text{m}}{\text{s}^2}$	N = Newton $= 1 \frac{\text{kg m}}{\text{s}^2}$
Gewichtskraft	$\boldsymbol{G = m \cdot g}$ $m = \frac{G}{g}$	G = Gewichtskraft m = Masse g = Schwerebeschleunigung	G in N m in kg g in $\frac{\text{m}}{\text{s}^2}$	$g - 9{,}81 \frac{\text{m}}{\text{s}^2}$ (Ortsfaktor) Für die Gewichtskraft wird auch F_G verwendet.
Dichte	$\boldsymbol{\varrho = \frac{m}{V}}$ $m = \varrho \cdot V$ $V = \frac{m}{\varrho}$	ϱ = Dichte m = Masse V = Volumen	ϱ in $\frac{\text{kg}}{\text{m}^3}$ m in kg V in m^3	

Reibungskraft	$\boldsymbol{F_R = \mu \cdot F_N}$ $F_N = \frac{F_R}{\mu}$ $\mu = \frac{F_R}{F_N}$	F_R = Reibungskraft F_N = Normalkraft μ = Reibungszahl	F_R in N F_N in N	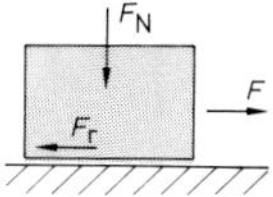
Rollreibungs-kraft	$\boldsymbol{F_R = F_N \cdot \frac{\mu'}{r}}$ $F_N = \frac{r \cdot F_R}{\mu'}$ $r = \frac{\mu' \cdot F_N}{F_R}$	F_R = Rollreibungs-kraft F_N = Normalkraft r = Radius des rollenden Körpers μ' = Rollreibungs-zahl	F_R in N F_N in N r in m μ' in m	
Reibungszahl	$\boldsymbol{\mu = \tan \varrho}$	μ = Reibungszahl ϱ = Neigungswinkel der schiefen Ebene		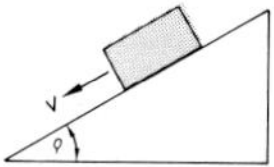

4.7 Arbeit

Gleichungs-bezeichnung	Gleichung	Bedeutung der Formelzeichen	Ein-heiten	Erläuterungen
Arbeit	$\boldsymbol{W = F \cdot s}$ $F = \frac{W}{s}$ $s = \frac{W}{F}$	W = Arbeit F = Kraft in Richtung des Weges s = Weglänge	W in Nm F in N s in m	Besteht zwischen den Richtungen von Kraft und Weg der Winkel α, dann gilt: $\boldsymbol{W = F \cdot s \cdot \cos \alpha}$ Nur gültig, wenn F längs des Wegs s konstant.
Potentielle Energie, Hubarbeit	$\boldsymbol{W_p = m \cdot g \cdot h}$ $m = \frac{W_p}{g \cdot h}$ $h = \frac{W_p}{m \cdot g}$	W_p = potentielle Energie m = Masse h = Höhe, um die der Körper angehoben wird g = Schwere-beschleunigung	W_p in J m in kg h in m g in $\frac{\text{m}}{\text{s}^2}$	J = Joule; 1 J = 1 Nm

Kinetische Energie, Beschleunigungsarbeit	$\mathbf{W_k = \frac{1}{2} m \cdot v^2}$ $m = \frac{2\,W_k}{v^2}$ $v = \sqrt{\frac{2\,W_k}{m}}$	W_k = kinetische Energie m = Masse v = Geschwindigkeit	W_k in J m in kg v in $\frac{m}{s}$	
Reibungsenergie	$\mathbf{W_r = F_r \cdot s}$ $F_r = \frac{W_r}{s}$ $s = \frac{W_r}{F_r}$	W_r = Reibungsenergie F_r = Reibungskraft s = Weglänge	W_r in J F_r in N s in m	

4.8 Leistung

Gleichungs-bezeichnung	Gleichung	Bedeutung der Formelzeichen	Ein-heiten	Erläuterungen
Leistung	$\boldsymbol{P = \frac{W}{t} = \frac{F \cdot s}{t}}$ $W = P \cdot t$ $t = \frac{W}{P} = \frac{F \cdot s}{P}$ $F = \frac{P \cdot t}{s}$	P = Leistung W = Arbeit t = Zeit F = Kraft s = Weglänge	P in W W in Nm t in s F in N s in m	$\boldsymbol{P = \frac{m \cdot v^2}{t} = F \cdot v}$ m = Masse v = Geschwin-digkeit
Wirkungsgrad	$\boldsymbol{\eta = \frac{P_2}{P_1}}$ $P_1 = \frac{P_2}{\eta}$ $P_2 = \eta \cdot P_1$	η = Wirkungsgrad P_1 = zugeführte Leistung P_2 = abgegebene Leistung	P_1 in W P_2 in W	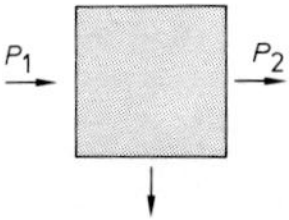 Verlustleistung

4.9 Impuls und Stoß

Gleichungs-bezeichnung	Gleichung	Bedeutung der Formelzeichen	Einheiten	Erläuterungen
Impuls	$\boldsymbol{p = m \cdot v}$ $m = \frac{p}{v}$ $v = \frac{p}{m}$	p = Impuls m = Masse v = Geschwindigkeit	p in $\frac{\text{kg m}}{\text{s}}$ m in kg v in $\frac{\text{m}}{\text{s}}$	
Impuls-änderung	$\boldsymbol{\Delta p = m \cdot \Delta v = F \cdot \Delta t}$	Δp = Impuls-änderung m = Masse Δv = Geschwindigkeitsänderung F = Beschleunigungskraft Δt = Zeitdifferenz	Δp in $\frac{\text{kg m}}{\text{s}}$ m in kg Δv in $\frac{\text{m}}{\text{s}}$ F in N Δt in s	$F \cdot \Delta t$ Kraftstoß

Gleichungs-bezeichnung	Gleichung	Bedeutung der Formelzeichen	Ein-heiten	Erläuterungen
Unelastischer Stoß	$v = \frac{m_1 \cdot v_1 + m_2 v_2}{m_1 + m_2}$	v = Geschwindigkeit beider Körper nach dem Stoß m_1 = Masse des ersten Körpers m_2 = Masse des zweiten Körpers v_1 = Geschwindigkeit des ersten Körpers vor dem Stoß v_2 = Geschwindigkeit des zweiten Körpers vor dem Stoß	v in $\frac{m}{s}$ m_1 in kg m_2 in kg v_1 in $\frac{m}{s}$ v_2 in $\frac{m}{s}$	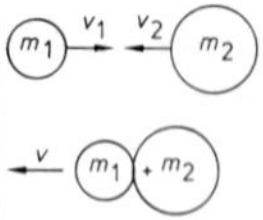

Elastischer Stoß	$\mathbf{v_3 = \frac{2(m_1 v_1 + m_2 v_2)}{m_1 + m_2} - v_1}$ $\mathbf{v_4 = \frac{2(m_1 v_1 + m_2 v_2)}{m_1 + m_2} - v_2}$	v_1 = Geschwindigkeit des ersten Körpers vor dem Stoß	v_1 in $\frac{\mathrm{m}}{\mathrm{s}}$	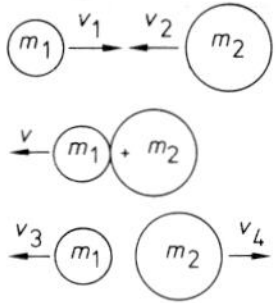
		v_2 = Geschwindigkeit des zweiten Körpers vor dem Stoß	v_2 in $\frac{\mathrm{m}}{\mathrm{s}}$	
		v_3 = Geschwindigkeit des ersten Körpers nach dem Stoß	v_3 in $\frac{\mathrm{m}}{\mathrm{s}}$	
		v_4 = Geschwindigkeit des zweiten Körpers nach dem Stoß	v_4 in $\frac{\mathrm{m}}{\mathrm{s}}$	
		m_1 = Masse des ersten Körpers	m_1 in kg	
		m_2 = Masse des zweiten Körpers	m_2 in kg	$\mathbf{v_1 + v_3 = v_2 + v_4}$

4.10 Dynamik der Drehbewegung

Gleichungs-bezeichnung	Gleichung	Bedeutung der Formelzeichen	Ein-heiten	Erläuterungen
Zentrifugal-kraft	$F_Z = \frac{m \cdot v^2}{r} = m \cdot \omega^2 \cdot r$ $m = \frac{F_Z \cdot r}{v^2} = \frac{F_Z}{\omega^2 \cdot r}$ $v = \sqrt{\frac{F_Z \cdot r}{m}}$ $r = \frac{m \cdot v^2}{F_Z} = \frac{F_Z}{m \cdot \omega^2}$ $\omega = \sqrt{\frac{F_Z}{m \cdot r}}$	F_Z = Zentrifugalkraft m = Masse v = Geschwindigkeit r = Bahnradius ω = Winkelgeschwindigkeit	F_Z in N m in kg v in $\frac{\text{m}}{\text{s}}$ r in m ω in $\frac{1}{\text{s}}$	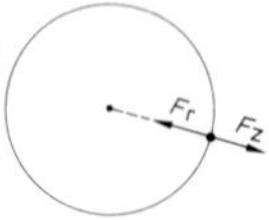 **Zentrifugal-beschleunigung:** $a_Z = \frac{v^2}{r} = \omega^2 \cdot r$

Zentripetalkraft	$\boldsymbol{F_r = \frac{m \cdot v^2}{r} = m \cdot \omega^2 \cdot r}$ $m = \frac{F_r \cdot r}{v^2} = \frac{F_r}{\omega^2 \cdot r}$ $v = \sqrt{\frac{F_r \cdot r}{m}}$ $r = \frac{m \cdot v^2}{F_Z} = \frac{F_0}{m \cdot \omega^2}$ $\omega = \sqrt{\frac{F_r}{m \cdot r}}$	F_r = Zentripetalkraft m = Masse v = Geschwindigkeit r = Bahnradius ω = Winkelgeschwindigkeit	F_r in N m in kg v in $\frac{\text{m}}{\text{s}}$ ω in $\frac{1}{\text{s}}$	siehe Abbildung **Zentripetalbeschleunigung:** $\boldsymbol{a_r = \frac{v^2}{r} = \omega^2 \cdot r}$
Corioliskraft	$\boldsymbol{F_C = 2\omega \cdot m \cdot v}$ $m = \frac{F_C}{2\omega \cdot v}$ $v = \frac{F_C}{2\omega \cdot m}$ $\omega = \frac{F_C}{2m \cdot v}$	F_C = Corioliskraft ω = Winkelgeschwindigkeit m = Masse v = Geschwindigkeit	F_C in N ω in $\frac{1}{\text{s}}$ m in kg v in $\frac{\text{m}}{\text{s}}$	**Coriolisbeschleunigung:** $\boldsymbol{a_C = 2v \cdot \omega}$

Gleichungs-bezeichnung	Gleichung	Bedeutung der Formelzeichen	Ein-heiten	Erläuterungen
Rotations-energie	$\mathbf{W_{rot} = \frac{J \cdot \omega^2}{2}}$ $J = \frac{2\,W_{rot}}{\omega^2}$ $\omega = \sqrt{\frac{2\,W_{rot}}{J}}$	W_{rot} = Rotations-energie J = Massenträg-heitsmoment ω = Winkelge-schwindigkeit	W_{rot} in J J in kg m^2 ω in $\frac{1}{s}$	
Drehimpuls	$\mathbf{D = \omega \cdot J}$ $\omega = \frac{D}{J}$ $J = \frac{D}{\omega}$	D = Drehimpuls ω = Winkel-geschwindigkeit J = Massenträgheits-moment	D in $\frac{kg\,m^2}{s}$ ω in $\frac{1}{s}$ J in kg m^2	Drehimpuls wird auch als Drall bezeichnet.

Gravitationsgesetz	$F = \gamma \frac{m_1 \cdot m_2}{r^2}$ $m_1 = \frac{F \cdot r^2}{\gamma \cdot m_2}$ $m_2 = \frac{F \cdot r^2}{\gamma \cdot m_1}$ $r = \sqrt{\gamma \frac{m_1 \cdot m_2}{F}}$	F = Anziehungskraft zweier Massen m_1 = Masse des ersten Körpers m_2 = Masse des zweiten Körpers r = Abstand der Schwerpunkte beider Körper γ = Gravitationskonstante	F in N m_1 in kg m_2 in kg r in m γ in $\frac{m^3}{kg \cdot s^2}$	$\gamma = 6{,}67 \cdot 10^{-11} \frac{m^3}{kg \cdot s^2}$

Gleichungs-bezeichnung	Gleichung	Bedeutung der Formelzeichen	Ein-heiten	Erläuterungen
Schwerebe-schleunigung	$g = g_0 \cdot \left(\frac{r_0}{r}\right)^2$	g_0 = Schwerebe-schleunigung auf der Erdober-fläche	g_0 in $\frac{m}{s^2}$	$g_0 = 9{,}81 \frac{m}{s^2}$
		g = Schwerebe-schleunigung in einem Punkt im Abstand r vom Endmittelpunkt	g in $\frac{m}{s^2}$	
		r_0 = mittlerer Erd-radius	r_0 in m	r_0 = 6370 km
		r = Abstand vom Erdmittelpunkt	r in m	

Kreisbahngeschwindigkeit	$\mathbf{v_k = r_0 \sqrt{\frac{g_0}{r}}}$ $\mathbf{v_k = \sqrt{\frac{\gamma \cdot m}{r}}}$	v_k = Kreisbahngeschwindigkeit	v_k in $\frac{m}{s}$	
		r_0 = Erdradius	r_0 in m	$r_0 = 6370$ km
		g_0 = Schwerebeschleunigung, Erdoberfläche	g_0 in $\frac{m}{s^2}$	$g_0 = 9{,}81 \frac{m}{s^2}$
		r = Abstand vom Erdmittelpunkt	r in m	
		γ = Gravitationskonstante	γ in $\frac{m^3}{kg \cdot s^2}$	$\gamma = 6{,}67 \cdot 10^{-11} \frac{m^3}{kg \cdot s^2}$
		m = Masse des Körpers	m in kg	

5. Flüssigkeiten

Gleichungs-bezeichnung	Gleichung	Bedeutung der Formelzeichen	Ein-heiten	Erläuterungen
Kolbendruck	$\boldsymbol{p = \frac{F}{A}}$ $F = p \cdot A$ $A = \frac{F}{p}$	p = Druck in Flüssigkeiten F = Kraftwirkung A = Fläche	p in $\frac{N}{m^2}$ F in N A in m^2	$1 \frac{N}{m^2} = 1$ Pa Pa = Pascal
Hydraulische Presse	$\boldsymbol{\frac{F_1}{F_2} = \frac{A_1}{A_2} = \frac{d_1^2}{d_2^2}}$ $F_1 = F_2 \cdot \frac{A_1}{A_2} = F_2 \cdot \frac{d_1^2}{d_2^2}$ $F_2 = F_1 \cdot \frac{A_2}{A_1} = F_1 \cdot \frac{d_2^2}{d_1^2}$	siehe Abbildung	F_1 in N F_2 in N A_1 in m^2 A_2 in m^2 d_1 in m d_2 in m	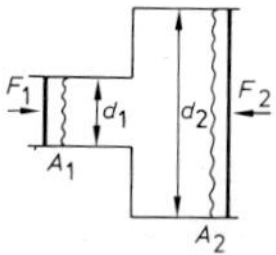

	$A_1 = A_2 \cdot \frac{F_1}{F_2}$ $A_2 = A_1 \cdot \frac{F_2}{F_1}$			
Schweredruck	$\boldsymbol{p = h \cdot \varrho \cdot g}$ $h = \frac{p}{\varrho \cdot g}$ $\varrho = \frac{p}{h \cdot g}$	p = Schweredruck h = Höhe der Flüssigkeitssäule ϱ = Dichte der Flüssigkeit g = Schwerebeschleunigung	p in $\frac{N}{m^2}$ h in m ϱ in $\frac{kg}{m^3}$ g in $\frac{m}{s^2}$	$g = 9{,}81\ \frac{m}{s^2}$

Gleichungs-bezeichnung	Gleichung	Bedeutung der Formelzeichen	Ein-heiten	Erläuterungen
Kompressibilität	$\mathbf{\Delta V = \kappa \cdot V \cdot \Delta p}$ $V = \frac{\Delta V}{\kappa \cdot \Delta p}$ $\Delta p = \frac{\Delta V}{\kappa \cdot V}$	ΔV = Volumenabnahme bei Druckzunahme V = Flüssigkeitsvolumen Δp = Änderung des auf die Flüssigkeit ausgeübten Druckes κ = Kompressibilität der Flüssigkeit	ΔV in m^3 V in m^3 Δp in $\frac{N}{m^2}$ κ in $\frac{m^2}{kp}$	Die Volumenänderung ist häufig so geringfügig, daß sie vernachlässigt werden kann.
Auftrieb	$\mathbf{F_A = \varrho \cdot g \cdot V}$ $V = \frac{F_A}{\varrho \cdot g}$	F_A = Auftriebskraft V = Volumen der verdrängten Flüssigkeit	F_A in N V in $\frac{N}{m^2}$	$\mathbf{F_A = V \cdot \gamma}$ γ = Wichte = $\frac{G}{V}$

		ϱ = Dichte der Flüssigkeit	ϱ in $\frac{kg}{m^3}$	
		g = Schwerebeschleunigung	g in $\frac{m}{s^2}$	$g = 9{,}81\ \frac{m}{s^2}$

6. Strömung

Gleichungsbezeichnung	Gleichung	Bedeutung der Formelzeichen	Einheiten	Erläuterungen
Ausfluss- geschwindig keit	$\boldsymbol{v = \sqrt{2g \cdot h}}$ $h = \frac{v^2}{2g}$	v = Ausflussgeschwindigkeit h = Druckhöhe g = Schwerebeschleunigung	v in $\frac{m}{s}$ h in m g in $\frac{m}{s^2}$	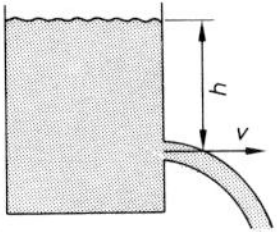 $g = 9{,}81\ \frac{m}{s^2}$ $\boldsymbol{v = \mu \cdot \sqrt{2g \cdot h}}$ μ = Ausflusszahl

Gleichungs-bezeichnung	Gleichung	Bedeutung der Formelzeichen	Ein-heiten	Erläuterungen
Volumen-durchfluss	$\boldsymbol{V = A \cdot v \cdot t}$ $A = \frac{V}{v \cdot t}$ $v = \frac{V}{A \cdot t}$ $A = \frac{V}{v \cdot t}$	V = Volumen der durch den Querschnitt A strömenden Flüssigkeit A = Strömungsquerschnitt v = Strömungsgeschwindigkeit t = Zeitdauer der Strömung	V in m^3 A in m^2 v in $\frac{m}{s}$ t in s	

Durchflussgesetz	$\boldsymbol{A_1 v_1 = A_2 v_2}$ $v_1 = v_2 \cdot \frac{A_2}{A_1}$ $v_2 = v_1 \cdot \frac{A_1}{A_2}$ $A_1 = A_2 \cdot \frac{v_2}{v_1}$ $A_2 = A_1 \cdot \frac{v_1}{v_2}$	A_1, A_2 = Querschnitt v_1, v_2 = Geschwindigkeit	A_1, A_2 in m^2 v_1, v_2 in $\frac{m}{s}$	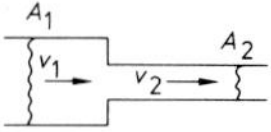
Innere Reibung in Strömungen	$\boldsymbol{F_R = \frac{\eta \cdot v \cdot A}{a}}$ $v = \frac{F_R \cdot a}{\eta \cdot A}$ $A = \frac{F_R \cdot a}{\eta \cdot v}$ $a = \frac{\eta \cdot v \cdot A}{F_R}$	F_R = innere Reibungskraft A = Fläche der eintauchenden Platte v = Geschwindigkeit der Platte a = Abstand Platte—Gefäßwand η = Viskosität, dynamische	F_R in N A in m^2 v in $\frac{m}{s}$ a in m η in $\frac{Ns}{m^2}$	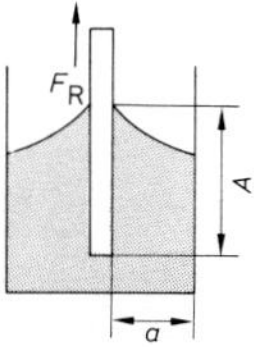

Gleichungs-bezeichnung	Gleichung	Bedeutung der Formelzeichen	Ein-heiten	Erläuterungen
Strömungs-widerstand	$\mathbf{F_w = \frac{1}{2} \varrho \cdot c \cdot A \cdot v^2}$ $v = \sqrt{\frac{2F_w}{\varrho \cdot c \cdot A}}$ $A = \frac{2F_w}{\varrho \cdot c \cdot v^2}$	F_w = Strömungs-widerstand c = Widerstands-beiwert ϱ = Dichte A = der Strömung entgegenstehender Körperquerschnitt, Maximalwert v = Relativgeschwindigkeit zwischen Körper und Stoff	F_w in N ϱ in $\frac{kg}{m^3}$ A in m^2 v in $\frac{m}{s}$	

7. Schwingungen

Gleichungsbezeichnung	Gleichung	Bedeutung der Formelzeichen	Einheiten	Erläuterungen
Elongation, Phasenwinkel Null	$\boldsymbol{y = y_{max} \cdot \sin \omega t}$	y = Elongation y_{max} = Amplitude ω = Kreisfrequenz t = Zeitdauer	ω in $\frac{1}{s}$ t in s (ωt im Bogenmaß)	$\omega = 2\pi \cdot f$ Gleichung gilt nur, wenn die Schwingung zur Zeit $t = 0$ beginnt, d.h. für $t = 0$ muß $y = 0$ sein.
Elongation, bei Berücksichtigung des Phasenwinkels	$\boldsymbol{y = y_{max} \cdot \sin(\omega t + \varphi_0)}$	y = Elongation y_{max} = Amplitude ω = Kreisfrequenz t = Zeitdauer φ_0 = Nullphasenwinkel	ω in $\frac{1}{s}$ t in s ωt, φ_0 im Bogenmaß	$\omega = 2\pi \cdot f$

Gleichungs-bezeichnung	Gleichung	Bedeutung der Formelzeichen	Ein-heiten	Erläuterungen
Lineare Schwingung, Richtgröße	$\boldsymbol{D = \frac{F}{\Delta l}}$ $F = D \cdot \Delta l$ $\Delta l = \frac{F}{D}$	D = Richtgröße F = dehnende Kraft Δl = Längen-änderung	D in $\frac{N}{m}$ F in N Δl in m	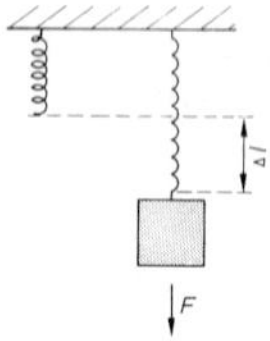 D wird auch Federkonstante genannt
Lineare Schwingung, Periodendauer	$\boldsymbol{T = 2\pi\sqrt{\frac{m}{D}}}$ $m = D \cdot \left(\frac{T}{2\pi}\right)^2$ $D = m \cdot \left(\frac{2\pi}{T}\right)^2$	T = Periodendauer m = schwingende Masse D = Richtgröße der Feder	T in s m in kg D in $\frac{N}{m}$	$T = \frac{1}{f}$ f = Frequenz

Drehschwingung, Winkelrichtgröße	$D^* = \frac{M}{\varphi}$ $M = D^* \cdot \varphi$ $\varphi = \frac{M}{D^*}$	D^* = Winkelrichtgröße M = Drehmoment φ = Drehwinkel	D^* in Nm M in Nm φ im Bogenmaß	
Drehschwingung, Periodendauer	$T = 2\pi\sqrt{\frac{J}{D^*}}$ $J = D^* \left(\frac{T}{2\pi}\right)^2$ $D^* = J \cdot \left(\frac{2\pi}{T}\right)^2$	T = Periodendauer J = Massenträgheitsmoment D^* = Winkelrichtgröße	T in s J in kg m^2 D^* in Nm	$T = \frac{1}{f}$ f = Frequenz

Pendelschwingung

Gleichungs-bezeichnung	Gleichung	Bedeutung der Formelzeichen	Ein-heiten	Erläuterungen
Mathematisches Pendel, Periodendauer	$\boldsymbol{T = 2\pi \cdot \sqrt{\frac{l}{g}}}$ $l = g \cdot \left(\frac{T}{2\pi}\right)^2$	T = Periodendauer l = Pendellänge g = Schwere-beschleunigung	T in s l in m g in $\frac{m}{s^2}$	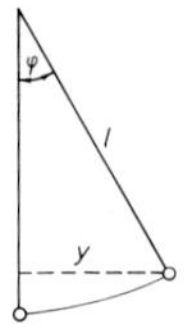 $g = 9{,}81\,\frac{m}{s^2}$

Physisches Pendel, Periodendauer	$\boldsymbol{T = 2\pi \cdot \sqrt{\frac{J_A}{m \cdot g \cdot s}}}$ $J_A = m \cdot g \cdot s \cdot \left(\frac{T}{2\pi}\right)^2$ $m = \frac{J_A \cdot 4\pi^2}{g \cdot s \cdot T^2}$ $s = \frac{J_A \cdot 4\pi^2}{g \cdot m \cdot T^2}$	T = Periodendauer J_A = auf den Aufhängepunkt bezogenes Massenträgheitsmoment m = Pendelmasse s = Abstand Aufhängepunkt—Schwerpunkt g = Schwerebeschleunigung	T in s J_A in kg m^2 m in kg s in m g in $\frac{\text{m}}{\text{s}^2}$	$g = 9{,}81 \frac{\text{m}}{\text{s}^2}$

Wellen

Ausbreitungsgeschwindigkeit	$\boldsymbol{c = \lambda \cdot f}$ $\lambda = \frac{c}{f}$ $f = \frac{c}{\lambda}$	c = Ausbreitungsgeschwindigkeit λ = Wellenlänge f = Frequenz	c in $\frac{\text{m}}{\text{s}}$ λ in m f in $\frac{1}{\text{s}}$	

Gleichungs-bezeichnung	Gleichung	Bedeutung der Formelzeichen	Ein-heiten	Erläuterungen
Energiedichte	$\mathbf{w = \frac{1}{2} \varrho \cdot v_{max}^2}$ $v_{max} = \sqrt{\frac{2w}{\varrho}}$ $\varrho = \frac{2w}{v_{max}^2}$	w = Energiedichte ϱ = Dichte des Mediums v_{max} = Geschwindigkeit beim Durchlaufen der Mittellage	w in $\frac{J}{m^3}$ ϱ in $\frac{kg}{m^3}$ v_{max} in $\frac{m}{s}$	

8. Gase

Boyle-Mariottesches Gesetz	$\boldsymbol{V_1 \cdot p_1 = V_2 \cdot p_2}$ $V_1 = V_2 \cdot \frac{p_2}{p_1}$ $V_2 = V_1 \cdot \frac{p_1}{p_2}$ $p_1 = p_2 \cdot \frac{V_2}{V_1}$ $p_2 = p_1 \cdot \frac{V_1}{V_2}$	V_1 = Anfangsvolumen V_2 = Endvolumen p_1 = Anfangsdruck p_2 = Enddruck	V_1 in m^3 V_2 in m^3 p_1 in $\frac{N}{m^2}$ p_2 in $\frac{N}{m^2}$	andere Schreibweise: $\boldsymbol{p \cdot V}$ **= konstant**
Luftdruck	$\boldsymbol{p = p_0 \cdot e^{-ch}}$ $p_0 = \frac{p}{e^{-ch}}$	p = Luftdruck in der Höhe h p_0 = Luftdruck an der Erdoberfläche h = Höhe über der Erdoberfläche	p in $\frac{N}{m^2}$ p_0 in $\frac{N}{m^2}$ h in km c in $\frac{1}{km}$	$c = 0{,}125 \frac{1}{km}$ Gleichung gilt für Höhen bis etwa 100 km $1 \frac{N}{m^2} = 1$ Pa 1 bar = 100000 Pa

9. Akustik

Gleichungs-bezeichnung	Gleichung	Bedeutung der Formelzeichen	Ein-heiten	Erläuterungen
Schallge-schwindigkeit in festen Stoffen	$\mathbf{c = \sqrt{\frac{E}{\varrho}}}$ $E = \varrho \cdot c^2$ $\varrho = \frac{E}{c^2}$	c = Schallgeschwin-geschwindigkeit E = Elastizitäts-modul ϱ = Dichte	c in $\frac{m}{s}$ E in $\frac{N}{m^2}$ ϱ in $\frac{kg}{m^3}$	Die Gleichung hat exakt nur für Stäbe Gültigkeit.
Schallge-schwindigkeit in Flüssig-keiten	$\mathbf{c = \sqrt{\frac{1}{\alpha \cdot \varrho}}}$ $\alpha = \frac{1}{\varrho \cdot c^2}$ $\varrho = \frac{1}{\alpha \cdot c^2}$	c = Schall-geschwindigkeit α = Kompressibili-tätskoeffizient ϱ = Dichte	c in $\frac{m}{s}$ α in $\frac{m^2}{N}$ ϱ in $\frac{kg}{m^3}$	

Schallgeschwindigkeit in Gasen	$c = \sqrt{\frac{\kappa \cdot p}{\varrho}}$ $\varrho = \frac{\kappa \cdot p}{c^2}$ $\kappa = \frac{c^2 \cdot \varrho}{p}$ $p = \frac{c^2 \cdot \varrho}{\kappa}$	c = Schallgeschwindigkeit κ = Zahlenwert $= \frac{c_p}{c_v}$ ϱ = Gasdichte p = Gasdruck	c in $\frac{m}{s}$ p in $\frac{N}{m^2}$ ϱ in $\frac{kg}{m^3}$	$c = \sqrt{\kappa \cdot R \cdot T}$ R = spezielle Gaskonstante T = absolute Temperatur des Gases
Doppler-Effekt	$f_E = f_S \cdot \frac{c - v_E}{c - v_S}$ $f_S = f_E \cdot \frac{c - v_S}{c - v_E}$	f_E = Frequenz, die vom Empfänger aufgenommen wird f_S = Frequenz, die vom Sender abgestrahlt wird c = Schallgeschwindigkeit v_E = Geschwindigkeit des Empfängers v_S = Geschwindigkeit des Senders	f_E in Hz f_S in Hz c in $\frac{m}{s}$ v_E in $\frac{m}{s}$ v_S in $\frac{m}{s}$	Bei *elektromagnetischen* Wellen gilt: $f_E = f_S \cdot \sqrt{\frac{1 + \frac{\Delta v}{c}}{1 + \frac{\Delta v}{c}}}$ Δv = Relativgeschwindigkeit zwischen Sender und Empfänger

Gleichungs-bezeichnung	Gleichung	Bedeutung der Formelzeichen	Ein-heiten	Erläuterungen
Schallschnelle	$\boldsymbol{u = 2\pi \cdot f \cdot y_{max}}$ $f = \frac{u}{2\pi \cdot y_{max}}$ $y_{max} = \frac{u}{2\pi \cdot f}$	u = Schallschnelle f = Schallfrequenz y_{max} = Amplitude der schwingenden Teilchen	u in $\frac{m}{s}$ f in Hz y_{max} in m	
Schalldruck	$\boldsymbol{p = \varrho \cdot c \cdot u}$ $\varrho = \frac{p}{c \cdot u}$ $c = \frac{p}{\cdot u}$ $u = \frac{p}{\varrho \cdot c}$	p = Schalldruck ϱ = Dichte des Mediums c = Schall-geschwindigkeit u = Schallschnelle	p in $\frac{N}{m^2}$ ϱ in $\frac{kg}{m^3}$ c in $\frac{m}{s}$ u in $\frac{m}{s}$	

Schalldichte	$\boldsymbol{w = \frac{\varrho \cdot u^2}{2}}$ $\varrho = \frac{2w}{u^2}$ $u = \sqrt{\frac{2w}{\varrho}}$	w = Schalldichte ϱ = Dichte des Mediums u = Schallschnelle	w in $\frac{\text{Ws}}{\text{m}^3}$ ϱ in $\frac{\text{kg}}{\text{m}^3}$ u in $\frac{\text{m}}{\text{s}}$	
Schallstärke	$\boldsymbol{J = \frac{c \cdot \varrho \cdot u^2}{2}}$ $c = \frac{2J}{\varrho \cdot u^2}$ $\varrho = \frac{2J}{c \cdot u^2}$ $u = \sqrt{\frac{2J}{c \cdot \varrho}}$	J = Schallstärke ϱ = Dichte des Mediums u = Schallschnelle c = Schallgeschwindigkeit	J in $\frac{\text{W}}{\text{m}^2}$ ϱ in $\frac{\text{kg}}{\text{m}^3}$ u in $\frac{\text{m}}{\text{s}}$ c in $\frac{\text{m}}{\text{s}}$	$\boldsymbol{J = \frac{p^2}{2\varrho \cdot c}}$ p = Schalldruck

10. Wärme

Gleichungs-bezeichnung	Gleichung	Bedeutung der Formelzeichen	Ein-heiten	Erläuterungen
Längenausdehnung fester Körper	$\boldsymbol{\Delta l = l_1 \cdot \alpha \cdot \Delta t}$ $l_1 = \frac{\Delta l}{\alpha \cdot \Delta t}$ $\alpha = \frac{\Delta l}{l_1 \cdot \Delta t}$ $\Delta t = \frac{\Delta l}{\alpha \cdot l_1}$	Δl = Längenänderung l_1 = Anfangslänge des Körpers α = Längenausdehnungskoeffizient Δt = Temperaturänderung	Δl in m l_1 in m α in $\frac{1}{K}$ Δt in K	$\boldsymbol{l_2 = l_1(1 + \alpha \cdot \Delta t)}$ l_1 = Anfangslänge l_2 = Endlänge $\boldsymbol{\Delta t = t_2 - t_1}$

Flächenausdehnung fester Körper	$\mathbf{\Delta A = A_1 \cdot 2\alpha \cdot \Delta t}$ $A_1 = \frac{\Delta A}{2\alpha \cdot \Delta t}$ $\alpha = \frac{\Delta A}{2A_1 \cdot \Delta t}$ $\Delta t = \frac{\Delta A}{A_1 \cdot 2\alpha}$	ΔA = Flächenänderung A_1 = Fläche vor Temperaturänderung α = Längenausdehnungskoeffizient Δt = Temperaturänderung	ΔA in m^2 A_1 in m^2 α in $\frac{1}{K}$ Δt in K	$\mathbf{\Delta t = t_2 - t_1}$ $\mathbf{A_2 = A_1(1 + 2\alpha \cdot \Delta t)}$ A_2 = Fläche nach Temperaturänderung
Volumenausdehnung fester Körper	$\mathbf{\Delta V = V_1 \cdot 3\alpha \cdot \Delta t}$ $V_1 = \frac{\Delta V}{3\alpha \cdot \Delta t}$ $\alpha = \frac{\Delta V}{3V_1 \cdot \Delta t}$ $\Delta t = \frac{\Delta V}{V_1 \cdot 3\alpha}$	ΔV = Volumenänderung V_1 = Anfangsvolumen α = Längenausdehnungskoeffizient Δt = Temperaturänderung	ΔV in m^3 V_1 in m^3 α in $\frac{1}{K}$ Δt in K	$\mathbf{V_2 = V_1(1 + 3\alpha \cdot \Delta t)}$ V_2 = Endvolumen $\mathbf{\Delta t = t_2 - t_1}$

Gleichungsbezeichnung	Gleichung	Bedeutung der Formelzeichen	Einheiten	Erläuterungen
Ausdehnung von Flüssigkeiten	$\Delta V = V_1 \cdot \gamma \cdot \Delta t$ $V_1 = \frac{\Delta V}{\gamma \cdot \Delta t}$ $\gamma = \frac{\Delta V}{V_1 \cdot \Delta t}$ $\Delta t = \frac{\Delta V}{\gamma \cdot V_1}$	ΔV = Volumenänderung V_1 = Anfangsvolumen γ = Raumausdehnungskoeffizient Δt = Temperaturänderung	ΔV in m^3 V_1 in m^3 γ in $\frac{1}{K}$ Δt in K	$\Delta t = t_2 - t_1$ $V_2 = V_1(1 + \gamma \cdot \Delta t)$ V_2 = Endvolumen
Änderung der Dichte	$\varrho_2 = \frac{\varrho_1}{1 + \gamma \cdot \Delta t}$	ϱ_2 = Dichte nach der Erwärmung ϱ_1 = Dichte vor der Erwärmung γ = Raumausdehnungskoeffizient Δt = Temperaturänderung	ϱ_2 in $\frac{kg}{m^3}$ ϱ_1 in $\frac{kg}{m^3}$ γ in $\frac{1}{K}$ Δt in K	Gleichung gilt auch für feste Körper, wenn γ durch 3α ersetzt wird.

Ausdehnung von Gasen	$\mathbf{V_t = V_0(1 + \gamma \cdot t)}$ $V_0 = \frac{V_t}{1 + \gamma \cdot t}$ $\gamma = \frac{V_t - V_0}{V_0 \cdot t}$ $t = \frac{V_t - V_0}{V_0 \cdot \gamma}$	V_t = Volumen bei beliebiger Temperatur t V_0 = Volumen bei 0 °C γ = Raumausdehnungskoeffizient t = Temperatur bei V_t	V_t in m^3 V_0 in m^3 γ in $\frac{1}{K}$ t in K	Gesetz von Gay-Lussac: $\mathbf{\frac{V_1}{V_2} = \frac{T_1}{T_2}}$ **bzw.** $\mathbf{\frac{V}{T}}$ **= konstant** $T = 273\text{ K} + t$
Druckänderung bei Erwärmung	$\mathbf{p_t = p_0(1 + \gamma \cdot t)}$ $p_0 = \frac{p_t}{1 + \gamma \cdot t}$ $t = \frac{p_t - p_0}{\gamma \cdot p_0}$	p_t = Druck bei beliebiger Temperatur t p_0 = Druck bei 0 °C t = Temperatur γ = Raumausdehnungskoeffizient	p_t in $\frac{N}{m^2}$ p_0 in $\frac{N}{m^2}$ t in °C γ in $\frac{1}{K}$	$\mathbf{\frac{p_1}{p_2} = \frac{T_1}{T_2}}$ **bzw.** $\mathbf{\frac{p}{T}}$ **= konstant** T: absolute Temperatur

11. Gasgesetze

Gleichungsbezeichnung	Gleichung	Bedeutung der Formelzeichen	Einheiten	Erläuterungen
Zustandsgleichung der Gase	$\frac{V_1 p_1}{T_1} = \frac{V_2 p_2}{T_2}$	V_1 = Anfangsvolumen	V_1 in m^3	anders geschrieben:
		V_2 = Endvolumen	V_2 in m^3	
	$V_1 = \frac{V_2 p_2 T_1}{p_1 \cdot T_2}$	p_1 = Anfangsdruck	p_1 in $\frac{N}{m^2}$	$\frac{V p}{T}$ = **konstant**
	$V_2 = \frac{V_1 p_1 T_2}{p_2 \cdot T_1}$	p_2 = Enddruck	p_2 in $\frac{N}{m^2}$	
	$p_1 = \frac{V_2 p_2 T_1}{V_1 \cdot T_2}$	T_1 = Anfangstemperatur	T_1 in K	
	$p_2 = \frac{V_1 p_1 T_2}{V_2 \cdot T_1}$	T_2 = Endtemperatur	T_2 in K	
	$T_1 = \frac{V_1 p_1 T_2}{V_2 p_2}$			
	$T_2 = \frac{V_2 p_2 T_1}{V_1 p_1}$			

Zustandsgleichung der Gase	$\mathbf{p \cdot V = m \cdot R \cdot T}$ $p = \frac{m \cdot R \cdot T}{V}$ $V = \frac{m \cdot R \cdot T}{p}$ $m = \frac{p \cdot V}{R \cdot T}$ $T = \frac{p \cdot V}{m \cdot R}$ $R = \frac{p \cdot V}{m \cdot T}$	p = Druck V = Volumen m = Masse R = spezielle Gaskonstante T = Temperatur	p in $\frac{N}{m^2}$ V in m^3 m in kg R in $\frac{J}{kg \cdot K}$ T in K
Dichte	$\boldsymbol{\varrho = \frac{p}{R \cdot T}}$ $p = \varrho \cdot R \cdot T$ $T = \frac{p}{R \cdot \varrho}$ $R = \frac{p}{T \cdot \varrho}$	ϱ = Dichte des Gases p = Druck des Gases R = spezielle Gaskonstante T = absolute Temperatur des Gases	ϱ in $\frac{kg}{m^3}$ p in $\frac{N}{m^2}$ R in $\frac{J}{kg \cdot K}$ T in K

12. Wärmeenergie

Gleichungs-bezeichnung	Gleichung	Bedeutung der Formelzeichen	Ein-heiten	Erläuterungen
Wärmemenge	$\boldsymbol{Q = m \cdot c \cdot \Delta t}$ $m = \frac{Q}{c \cdot \Delta t}$ $c = \frac{Q}{m \cdot \Delta t}$ $\Delta t = \frac{Q}{m \cdot c}$	Q = Wärmemenge m = Masse c = spezifische Wärmekapazität Δt = Temperatur-differenz	Q in J m in kg c in $\frac{J}{kg \cdot K}$ Δt in K	$\boldsymbol{\Delta t = t_2 - t_1}$

Wärmeinhalt	$\boldsymbol{Q_i = m \cdot c \cdot t}$ $m = \frac{Q_i}{c \cdot t}$ $c = \frac{Q_i}{m \cdot t}$ $t = \frac{Q_i}{m \cdot c}$	Q_i = Wärmeinhalt m = Masse c = spezifische Wärmekapazität t = Temperatur	Q_i in J m in kg c in $\frac{J}{kg \cdot K}$ t in °C	
Wärme-kapazität	$\boldsymbol{C = m \cdot c}$ $m = \frac{C}{c}$ $c = \frac{C}{m}$	C = Wärmekapazität c = spezifische Wärmekapazität m = Masse	C in $\frac{J}{K}$ c in $\frac{J}{kg \cdot K}$ m in kg	

Gleichungsbezeichnung	Gleichung	Bedeutung der Formelzeichen	Einheiten	Erläuterungen
Spezielle Gaskonstante	$\boldsymbol{R = c_p - c_v}$	R = spezielle Gaskonstante c_p = spezische Wärmekapazität bei konstantem Druck c_v = spezifische Wärmekapazität bei konstantem Volumen	R in $\frac{J}{kg \cdot K}$ c_p in $\frac{J}{kg \cdot K}$ c_v in $\frac{J}{kg \cdot K}$	$\boldsymbol{\kappa = \frac{c_p}{c_v}}$ Für die meisten Gase ist $\kappa \approx 1{,}4$.
Wärmemischung	$\boldsymbol{c_1 m_1 t_1 + c_2 m_2 t_2 + \ldots = t_m (c_1 m_1 + c_2 m_2 + \ldots)}$	c = spezifische Wärmekapazität m = Masse t = Temperatur t_m = Mischtemperatur	c in $\frac{J}{kg \cdot K}$ m in kg t in °C t_m in °C	

Verbrennungswärme, feste und flüssige Brennstoffe	$\boldsymbol{Q = m \cdot H}$ $m = \frac{Q}{H}$	Q = Verbrennungswärme m = Masse H = Heizwert	Q in J m in kg H in $\frac{\text{J}}{\text{kg}}$	
Verbrennungswärme, gasförmige Brennstoffe	$\boldsymbol{Q = V_0 \cdot H}$ $V_0 = \frac{Q}{H}$	Q = Verbrennungswärme V_0 = Normalvolumen H = Heizwert	Q in J V_0 in m^3 H in $\frac{\text{J}}{\text{m}^3}$	

13. Wärmeleitung

Gleichungs-bezeichnung	Gleichung	Bedeutung der Formelzeichen	Ein-heiten	Erläuterungen
Transportierte Wärmemenge	$Q = \frac{\lambda \cdot A \cdot t \cdot \Delta\vartheta}{l}$ $\lambda = \frac{Q \cdot l}{A \cdot t \cdot \Delta\vartheta}$ $l = \frac{\lambda \cdot A \cdot t \cdot \Delta\vartheta}{Q}$ $A = \frac{Q \cdot l}{\lambda \cdot t \cdot \Delta\vartheta}$ $t = \frac{Q \cdot l}{\lambda \cdot A \cdot \Delta\vartheta}$ $\Delta\vartheta = \frac{Q \cdot l}{\lambda \cdot A \cdot t}$	Q = transportierte Wärmemenge λ = Wärme-leitfähigkeit A = Leiter-querschnitt t = Dauer der Wärmeleitung l = Leiterlänge $\Delta\vartheta$ = Temperatur-differenz	Q in J λ in $\frac{J}{m\,h\,K}$ A in m^2 t in h l in m $\Delta\vartheta$ in K	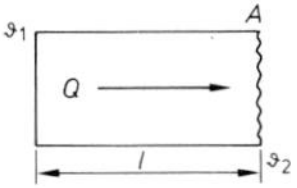

Wärme-übergang	$\boldsymbol{Q = \alpha \cdot A \cdot t \cdot \Delta\vartheta}$ $\alpha = \frac{Q}{A \cdot t \cdot \Delta\vartheta}$ $A = \frac{Q}{\alpha \cdot t \cdot \Delta\vartheta}$ $t = \frac{Q}{\alpha \cdot A \cdot \Delta\vartheta}$ $\Delta\vartheta = \frac{Q}{\alpha \cdot A \cdot t}$	Q = durch Grenzfläche tretende Wärmemenge α = Wärmeübergangskoeffizient A = Übergangsfläche t = Dauer des Übergangs $\Delta\vartheta$ = Temperaturdifferenz	Q in J α in $\frac{J}{m^2 h K}$ A in m^2 t in h $\Delta\vartheta$ in K	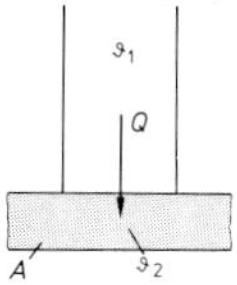

Gleichungs-bezeichnung	Gleichung	Bedeutung der Formelzeichen	Ein-heiten	Erläuterungen
Wärme-durchgang	$\mathbf{Q = k \cdot A \cdot t \cdot \Delta\vartheta}$ $k = \frac{Q}{A \cdot t \cdot \Delta\vartheta}$ $A = \frac{Q}{k \cdot t \cdot \Delta\vartheta}$ $t = \frac{Q}{k \cdot A \cdot \Delta\vartheta}$ $\Delta\vartheta = \frac{Q}{k \cdot A \cdot t}$	Q = Wärmemenge, die durch eine Wand übertragen wird k = Wärmedurchgangskoeffizient A = Durchgangsfläche t = Dauer des Durchgangs $\Delta\vartheta$ = Temperaturunterschied	Q in J k in $\frac{\mathrm{J}}{\mathrm{m^2\,h\,K}}$ A in m^2 t in h $\Delta\vartheta$ in K	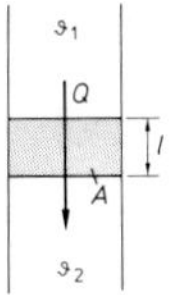

14. Zustandsänderung

Innere Energie des Gases	$U = m \cdot c_v \cdot T$ $m = \frac{U}{c_v \cdot T}$ $c_v = \frac{U}{m \cdot T}$ $T = \frac{U}{m \cdot c_v}$	U = innere Energie des Gases m = Masse c_v = spezifische Wärmekapazität bei konstantem Volumen T = absolute Temperatur	U in J m in kg c_v in $\frac{J}{kg \cdot K}$ T in K	
Isotherme Volumenarbeit	$W = m \cdot R \cdot T \cdot \ln \frac{V_2}{V_1}$ $W = p_1 \cdot V_1 \cdot \ln \frac{V_2}{V_1}$ $= p_2 \cdot V_2 \cdot \ln \frac{V_2}{V_1}$	W = bei isothermer Entspannung frei werdende Arbeit m = Masse R = spezielle Gaskonstante	W in J m in kg R in $\frac{J}{kg \cdot K}$	Gilt bei konstanter Temperatur (isotherm).

Gleichungs-bezeichnung	Gleichung	Bedeutung der Formelzeichen	Ein-heiten	Erläuterungen
Isotherme Volumenarbeit	$W = m \cdot R \cdot T \cdot \ln \frac{p_1}{p_2}$ $W = p_1 \cdot V_1 \cdot \ln \frac{p_1}{p_2}$ $= p_2 \cdot V_2 \cdot \ln \frac{p_1}{p_2}$	T = absolute Temperatur V_1 = Anfangsvolumen V_2 = Endvolumen p_1 = Anfangsdruck p_2 = Enddruck	T in K V_1 in m^3 V_2 in m^3 p_1 $\frac{N}{m^2}$ p_2 in $\frac{N}{m^2}$	
Adiabatische Zustands-änderung	$\frac{T_1}{T_2} = \left(\frac{V_2}{V_1}\right)^{\kappa - 1}$ $\frac{T_1}{T_2} = \left(\frac{p_1}{p_2}\right)^{\frac{\kappa - 1}{\kappa}}$ $\frac{p_1}{p_2} = \left(\frac{V_2}{V_1}\right)^{\kappa}$	T = Temperatur V = Volumen p = Druck	T in K V in m^3 p in $\frac{N}{m^2}$	$\kappa = \frac{c_p}{c_v}$

Adiabatische Volumenarbeit	$W = \frac{m \cdot R}{\kappa - 1}(T_1 - T_2)$ $W = \frac{1}{\kappa - 1}(p_1 V_1 - p_2 V_2)$	W = bei adiabatischer Entspannung verrichtete Arbeit m = Masse R = spezielle Gaskonstante T_1 = Anfangstemperatur T_2 = Endtemperatur p_1 = Anfangsdruck p_2 = Enddruck V_1 = Anfangsvolumen V_2 = Endvolumen	W in J m in kg R in $\frac{J}{kg \cdot K}$ T_1 in K T_2 in K p_1 in $\frac{N}{m^2}$ p_2 in $\frac{N}{m^2}$ V_1 in m^3 V_2 in m^3	$\kappa = \frac{c_p}{c_v}$

15. Carnotscher Kreisprozeß

Gleichungsbezeichnung	Gleichung	Bedeutung der Formelzeichen	Einheiten	Erläuterungen
Thermischer Wirkungsgrad	$\eta = \frac{Q_1 - Q_2}{Q_1}$ $\eta = \frac{T_1 - T_2}{T_1}$	η = thermischer Wirkungsgrad Q_1 = Wärmemenge, die bei der höheren Temperatur T_1 aufgenommen wurde Q_2 = Wärmemenge, die bei der niederen Temperatur T_2 abgegeben wurde T_1 = höhere Temperatur T_2 = niedere Temperatur	 Q_1 in J Q_2 in J T_1 in K T_2 in K	

16. Kinetische Wärmetheorie

Mittlere energetische Geschwindigkeit	$\bar{v} = \sqrt{3 \cdot R \cdot T}$ $T = \frac{\bar{v}^2}{3 \cdot R}$	$\bar{v}$ = mittlere Molekülgeschwindigkeit R = spezielle Gaskonstante T = absolute Temperatur	$\bar{v}$ in $\frac{m}{s}$ R in $\frac{Nm}{kg \cdot K}$ T in K	
Wahrscheinlichste Geschwindigkeit	$\hat{v} = \sqrt{2 \cdot R \cdot T}$ $T = \frac{\hat{v}^2}{2 \cdot R}$	$\bar{v}$ = wahrscheinlichste Geschwindigkeit R = spezielle Gaskonstante T = absolute Temperatur	$\bar{v}$ in $\frac{m}{s}$ R in $\frac{Nm}{kg \cdot K}$ T in K	

Gleichungs-bezeichnung	Gleichung	Bedeutung der Formelzeichen	Ein-heiten	Erläuterungen
Durchschnittliche Geschwindigkeit	$\mathbf{v_D = \sqrt{\frac{8RT}{\pi}}}$	v_D = durchschnittliche Geschwindigkeit R = spezielle Gaskonstante T = absolute Temperatur	v_D in $\frac{m}{s}$ R in $\frac{Nm}{kg \cdot K}$ T in K	

Mittlere Stoßzahl eines Moleküls	$\bar{z} = \sqrt{2} \cdot \pi \cdot d^2 \cdot \bar{v} \cdot \varrho \cdot N_A$ $d = \sqrt{\frac{\bar{z}}{\sqrt{2} \cdot \pi \cdot \bar{v} \cdot \varrho \cdot N_A}}$ $\bar{v} = \frac{\bar{z}}{\sqrt{2} \cdot \pi \cdot d^2 \cdot \varrho \cdot N_A}$	$\bar{z}$ = mittlere Stoßzahl d = effektiver Durchmesser des Moleküls $\bar{v}$ = mittlere Molekülgeschwindigkeit N_A = Avogadro-Konstante ϱ = Gasdichte	$\bar{z}$ in $\frac{1}{s}$ d in m $\bar{v}$ in $\frac{m}{s}$ N_A in $\frac{1}{kg}$ ϱ in $\frac{kg}{m^3}$	Der effektive Durchmesser d wird auf die Wirkungssphäre des Moleküls bezogen und ist mit dessen tatsächlichem Durchmesser nicht identisch.
Mittlere freie Weglänge eines Moleküls	$\bar{l} = \frac{1}{\sqrt{2} \cdot \pi \cdot d^2 \cdot \varrho \cdot N_A}$ $d = \sqrt{\frac{1}{\sqrt{2} \cdot \pi \cdot \varrho \cdot \bar{l} \cdot N_A}}$	$\bar{l}$ = mittlere freie Weglänge d = effektiver Durchmesser ϱ = Gasdichte N_A = Avogadro-Konstante	$\bar{l}$ in m d in m ϱ in $\frac{kg}{m^3}$ N_A in $\frac{1}{kg}$	

17. Optik

17.1 Reflexion

Gleichungs-bezeichnung	Gleichung	Bedeutung der Formelzeichen	Einheiten	Erläuterungen
Brennweite eines Hohlspiegels	$f = \frac{r}{2}$ $r = 2f$	f = Brennweite r = Krümmungsradius des Spiegels	f in m r in m	
Spiegelbild-berechnung	$\frac{G}{B} = \frac{g}{b}$ $G = B \cdot \frac{g}{b}$ $B = G \cdot \frac{b}{g}$	G = Gegenstandsgröße B = Bildgröße g = Abstand des Gegenstandes vom Spiegel	G in m B in m g in m	**Brennweite:** $\frac{1}{f} = \frac{1}{g} + \frac{1}{b}$

	$g = b \cdot \frac{G}{B}$ $b = g \cdot \frac{B}{G}$	b = Abstand des Bildes vom Spiegel	b in m	
Brechkraft einer Linse	$\mathbf{D = \frac{1}{f}}$ $f = \frac{1}{D}$	D = Brechkraft f = Brennweite	D in $\frac{1}{\text{m}}$ f in m	

17.2 Brechung

Brechungsgesetz	$\mathbf{n = \frac{c_1}{c_2} = \frac{\sin \alpha}{\sin \beta}}$	n = Brechzahl c_1 = Lichtgeschwindigkeit im Medium 1 c_2 = Lichtgeschwindigkeit im Medium 2 α = Einfallswinkel β = Brechungswinkel	c_1 in $\frac{\text{m}}{\text{s}}$ c_2 in $\frac{\text{m}}{\text{s}}$ α in Grad β in Grad	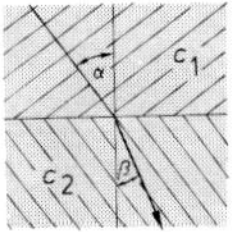

Gleichungs-bezeichnung	Gleichung	Bedeutung der Formelzeichen	Ein-heiten	Erläuterungen
Grenzwinkel	$\sin \alpha_G = \frac{1}{n}$ $n = \frac{1}{\sin \alpha_G}$	α_G = Grenzwinkel n = Brechzahl	α_G in Grad	Grenzwinkel gleich größter Einfallswinkel
Prisma, Brechungsindex	$n = \frac{\sin \frac{1}{2}(\gamma + \delta)}{\sin \frac{\gamma}{2}}$	n = Brechungsindex des Prismenmaterials γ = brechender Winkel δ = minimaler Ablenkungswinkel	γ in Grad δ in Grad	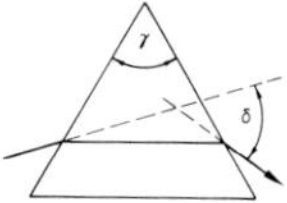
Dünne Linsen, Brennweite	$\frac{1}{f} = (n - 1) \cdot \left(\frac{1}{r_1} + \frac{1}{r_2}\right)$	f = Brennweite n = Brechungsindex r_1, r_2 = Krümmungsradien	f in m r_1, r_2 in m	

Dünne Linsen, Brechkraft	$D = \frac{1}{f}$	D = Brechkraft f = Brennweite	D in $\frac{1}{\text{m}}$ f in m	
System zweier dünner Linsen, Brennweite	$\frac{1}{f} = \frac{1}{f_1} + \frac{1}{f_2}$	f = Brennweite des Systems f_1 = Brennweite der ersten Linse f_2 = Brennweite der zweiten Linse	f in m f_1 in m f_2 in m	
System zweier dünner Linsen, Brechkraft	$D = D_1 + D_2$	D = Brechkraft des Systems D_1 = Brechkraft der ersten Linse D_2 = Brechkraft der zweiten Linse	D in $\frac{1}{\text{m}}$ D_1 in $\frac{1}{\text{m}}$ D_2 in $\frac{1}{\text{m}}$	

17.3 Optische Geräte

Gleichungs-bezeichnung	Gleichung	Bedeutung der Formelzeichen	Ein-heiten	Erläuterungen
Vergrößerung, optische Geräte	$\boldsymbol{v = \frac{\beta_B}{\beta_G} \approx \frac{\tan \beta_B}{\tan \beta_G}}$	v = Vergrößerung β_B = Sehwinkel mit Instrument β_G = Sehwinkel ohne Instrument	 β_B in Grad β_G in Grad	
Vergrößerung, Lupe	$\boldsymbol{v = \frac{s_0}{f}}$ $f = \frac{s_0}{v}$	v = Vergrößerung s_0 = deutliche Sehweite f = Brennweite der Lupe	 s_0 in m f in m	$s_0 = 25$ cm
Vergrößerung, Mikroskop	$\boldsymbol{v = \frac{s_0 \cdot t}{f_1 \cdot f_2}}$ $t = \frac{v \cdot f_1 \cdot f_2}{s_0}$	v = Vergrößerung s_0 = deutliche Sehweite t = optische Tubuslänge	 s_0 in m t in m	$s_0 = 25$ cm

	$f_1 = \frac{s_0 \cdot t}{v \cdot f_2}$ $f_2 = \frac{s_0 \cdot t}{v \cdot f_1}$	f_1 = Brennweite des Objektivs f_2 = Brennweite des Okulars	f_1 in m f_2 in m	
Vergrößerung, astronomisches Fernrohr	$\boldsymbol{v = \frac{f_1}{f_2}}$ $f_1 = v \cdot f_2$ $f_2 = \frac{f_1}{v}$	v = Vergrößerung f_1 = Brennweite des Objektivs f_2 = Brennweite des Okulars	 f_1 in m f_2 in m	

17.4 Wellenoptik

Wellenlänge	$\boldsymbol{\lambda_n = \frac{c_n}{\nu}}$ $c_n = \nu \cdot \lambda_n$ $\nu = \frac{c_n}{\lambda_n}$	λ_n = Wellenlänge, Medium c_n = Lichtgeschwindigkeit, Medium ν = Frequenz der Lichtwelle	λ_n in m c_n in $\frac{m}{s}$ ν in Hz	$\boldsymbol{\lambda_n = \frac{\lambda}{n}}$ λ = Wellenlänge in Luft λ = Brechungsindex des Mediums

Gleichungs-bezeichnung	Gleichung	Bedeutung der Formelzeichen	Ein-heiten	Erläuterungen
Optischer Weg in einem Medium	$\mathbf{s_{opt} = s_{geo} \cdot n}$ $s_{geo} = \frac{s_{opt}}{n}$ $n = \frac{s_{opt}}{s_{geo}}$	s_{opt} = optischer Weg s_{geo} = geometrischer Weg n = Brechungsindex	s_{opt} in m s_{geo} in m	
Beugung am Spalt	$\mathbf{\sin \alpha_k = k \cdot \frac{\lambda}{b}}$ $\lambda = \frac{b \cdot \sin \alpha_k}{k}$ $b = \frac{k \cdot \lambda}{\sin \alpha_k}$	$\sin \alpha_k$ = Richtung der Minima λ = Wellenlänge b = Spaltbreite	λ in m b in m	$k = \pm 1, \pm 2, \pm 3 \ldots$
Beugung am Gitter	$\mathbf{\sin \alpha_k = k \cdot \frac{\lambda}{g}}$ $\lambda = \frac{g \cdot \sin \alpha_k}{k}$ $g = \frac{k \cdot \lambda}{\sin \alpha_k}$	$\sin \alpha_k$ = Richtung der Haupt-maxima λ = Wellenlänge g = Gitterkonstante	λ in m g in m	

17.5 Quantenoptik

Quantenenergie	$\boldsymbol{W = h \cdot f}$ $f = \frac{W}{h}$	W = Energie h = Plancksches Wirkungsquantum f = Frequenz	W in Ws h in Ws^2 f in Hz	$h = 6{,}6256\ Ws^2$
Impuls	$\boldsymbol{p = \frac{h}{\lambda}}$ $\lambda = \frac{h}{p}$	p = Impuls h = Plancksches Wirkungsquantum λ = Wellenlänge	p in $\frac{Ws^2}{m}$ h in Ws^2 λ in m	$\boldsymbol{p = \frac{h \cdot v}{c}}$ c = Lichtgeschwindigkeit
Masse	$\boldsymbol{m = \frac{h \cdot v}{c^2}}$ $v = \frac{m \cdot c^2}{h}$	m = Masse h = Plancksches Wirkungsquantum v = Frequenz c = Lichtgeschwindigkeit	m in kg h in Ws^2 v in Hz c in $\frac{m}{s}$	

18. Elektrizitätslehre

18.1 Gleichstromlehre

Gleichungs-bezeichnung	Gleichung	Bedeutung der Formelzeichen	Ein-heiten	Erläuterungen
Leitungs-widerstand	$\boldsymbol{R = \frac{\varrho \cdot l}{A} = \frac{l}{\gamma \cdot A}}$ $A = \frac{\varrho \cdot l}{R} = \frac{l}{\gamma \cdot R}$ $l = \frac{R \cdot A}{\varrho} = \gamma \cdot A \cdot R$	R = Leitungs-widerstand ϱ = spezifischer Widerstand γ = spezifische Leitfähigkeit A = Leiterquerschnitt l = Leitungslänge	R in Ω ϱ in $\frac{\Omega \cdot mm^2}{m}$ γ in $\frac{m}{\Omega \cdot mm^2}$ A in mm^2 l in m	Der spezifische Widerstand ist temperatur-abhängig. Der Kehrwert der spezifische Widerstand wird als spezifische Leitfähigkeit bezeichnet: $\gamma = \frac{1}{\varrho}$.

Stromdichte	$\boldsymbol{J=\frac{I}{A}}$ $I=J\cdot A$ $A=\frac{I}{J}$	J = Stromdichte I = Stromstärke A = Leiterquerschnitt	J in $\frac{\mathrm{A}}{\mathrm{mm}^2}$ I in A A in mm^2	Die Stromdichte ist maßgebend für die Erwärmung des Leiters.
Leitwert	$\boldsymbol{G=\frac{1}{R}}$ $R=\frac{1}{G}$	G = elektrischer Leitwert R = elektrischer Widerstand	G in $\frac{1}{\Omega}=\mathrm{S}$ R in Ω	$\frac{1}{\Omega}=\mathrm{S}=$ Siemens
Ohmsches Gesetz	$\boldsymbol{I=\frac{U}{R}}$ $R=\frac{U}{I}$ $U=I\cdot R$	I = elektrische Stromstärke U = elektrische Spannung R = elektrischer Widerstand	I in A U in V R in Ω	$1\ \Omega=1\ \frac{\mathrm{V}}{\mathrm{A}}$ Das Ohmsche Gesetz gilt auch für Teile eines Stromkreises.

Gleichungs-bezeichnung	Gleichung	Bedeutung der Formelzeichen	Ein-heiten	Erläuterungen
Widerstand und Temperatur	$\boldsymbol{R_2 = R_1(1+\alpha \cdot \Delta\vartheta)}$ $R_1 = \frac{R_2}{1+\alpha \cdot \Delta\vartheta}$ $\Delta\vartheta = \frac{1}{\alpha}\left(\frac{R_2}{R_1} - 1\right)$ $\boldsymbol{\Delta\vartheta = \vartheta_2 - \vartheta_1}$	R_1 = Kaltwiderstand R_2 = Warmwiderstand ϑ_1 = Anfangstemperatur ϑ_2 = Endtemperatur $\Delta\vartheta$ = Temperaturdifferenz α = Temperaturbeiwert	R_1 in Ω R_2 in Ω ϑ_1 in °C ϑ_2 in °C $\Delta\vartheta$ in K α in $\frac{1}{K}$	Bei Kaltleitern ist α positiv, bei Heißleitern negativ. K = Kelvin
1. Kirchhoffscher Satz	$\boldsymbol{\sum I_{ZU} = \sum I_{AB}}$ $\boldsymbol{I = I_1 + I_2 + \cdots + I_n}$ $\boldsymbol{I = \sum_{\nu=1}^{n} I_\nu = 0}$	I_{ZU} = auf den Knotenpunkt zufließende Ströme I_{AB} = vom Knotenpunkt abfließende Ströme $\nu = 1 \cdots n$: fortlaufende Indizierung	I in A	$\sum I_{AB}$ $\sum I_{ZU}$  Vorzeichen der Ströme beachten: zufließende Ströme positiv, abfließende Ströme negativ.

2. Kirchhoffscher Satz	$U = \sum_{\nu=1}^{n} U_\nu = 0$ $U = U_1 + U_2 + U_3$	U = elektrische Spannung	U in Volt	Die Summe der Spannungen in einer Netzmasche ist Null. Vorzeichen der Spannungen beachten.
Reihenschaltung von Widerständen:	$R = R_1 + R_2 + \cdots + R_n$ $R = \sum_{\nu=1}^{n} R_\nu$	R = Gesamtwiderstand $R_1 \ldots R_n$ = Teilwiderstände	R in Ω	Der Gesamtwiderstand ist gleich der Summe der Teilwiderstände.
Parallelschaltung von Widerständen:	$\frac{1}{R} = \frac{1}{R_1} + \frac{1}{R_2} + \cdots + \frac{1}{R_n}$ $\frac{1}{R} = \sum_{\nu=1}^{n} \frac{1}{R_\nu}$	R = Ersatzwiderstand $R_1 \ldots R_n$ = Teilwiderstände	R in Ω	Der Kehrwert des Ersatzwiderstandes ist gleich der Summe der Kehrwerte der Einzelwiderstände.

Gleichungsbezeichnung	Gleichung	Bedeutung der Formelzeichen	Einheiten	Erläuterungen
Zwei Widerstände parallel	$R = \frac{R_1 \cdot R_2}{R_1 + R_2}$			Produkt-Summen-Gleichung
***n* gleiche Widerstände parallel**	$R = \frac{R'}{n}$	R': Ohmwert der gleichen Teilwiderstände n: Anzahl der gleichen Teilwiderstände		
Reihenschaltung von Spannungsquellen (gleiche Elemente)	$I = \frac{U_0 \cdot n}{R_i \cdot n + R_B}$ $U_0 = I\left(R_i + \frac{R_B}{n}\right)$ $n = \frac{R_B}{\frac{U_0}{I} - R_i}$	I = Stromstärke U_0 = Leerlaufspannung R_i = Innenwiderstand R_B = Belastungswiderstand n = Anzahl der in Reihe geschalteten Elemente	I in A U_0 in V R_i in Ω R_B in Ω	Bei der Reihenschaltung von Spannungsquellen kommt es zu einer Spannungserhöhung.

Parallel-schaltung von Spannungs-quellen (gleiche Elemente)	$I = \frac{U_0}{\frac{R_i}{n} + R_B}$ $U_0 = I\left(\frac{R_i}{n} + R_B\right)$ $n = \frac{R_i}{\frac{U_0}{I} - R_B}$	I = Stromstärke U_0 = Leerlaufspannung R_i = Innenwiderstand R_B = Belastungswiderstand n = Anzahl der parallel geschalteten Elemente	I in A U_0 in V R_i in Ω R_B in Ω	Bei der Parallelschaltung von Spannungsquellen kommt es zu einer Stromerhöhung.
Gemischte Schaltung von Spannungs-quellen (gleiche Elemente)	$I = \frac{U_0 \cdot n}{\frac{R_i \cdot n}{m} + R_B}$ $U_0 = \frac{I\left(\frac{R_i \cdot n}{m} + R_B\right)}{n}$ $n = \frac{I \cdot R_B}{U_0 - \frac{I \cdot R_i}{m}}$	I = Stromstärke U_0 = Leerlaufspannung R_i = Innenwiderstand R_B = Belastungswiderstand n = Anzahl der in Reihe geschalteten Elemente einer Gruppe m = Anzahl der parallel geschalteten Gruppen	I in A U_0 in V R_i in Ω R_B in Ω	Bei gemischten Schaltungen kommt es sowohl zu einer Spannungs- als auch zu einer Stromerhöhung.

Gleichungsbezeichnung	Gleichung	Bedeutung der Formelzeichen	Einheiten	Erläuterungen
Leerlaufspannung einer galvanischen Spannungsquelle	$\boldsymbol{U_0 = U_k + U_i}$ $U_k = U_0 - U_i$ $U_i = U_0 - U_k$	U_0 = Leerlaufspannung U_k = Klemmenspannung U_i = Spannungsabfall am Innenwiderstand	U_0 in V U_k in V U_i in V	
Klemmenspannung einer galvanischen Spannungsquelle	$\boldsymbol{U_k = U_0 - I \cdot R_i}$ $I = \frac{U_0 - U_k}{R_i}$ $U_0 = U_k + I \cdot R_i$ $R_i = \frac{U_0 - U_k}{I}$	U_0 = Leerlaufspannung U_k = Klemmenspannung I = Stromstärke R_i = Innenwiderstand	U_0 in V U_k in V I in A R_i in Ω	

Kurzschlußstrom einer galvanischen Spannungsquelle	$I_k = \frac{U_0}{R_i}$	I_k = Kurzschlußstrom U_0 = Leerlaufspannung R_i = Innenwiderstand	I_k in A U_0 in V R_i in Ω	
Vorwiderstand	$R_V = R_B \left(\frac{U_1}{U_2} - 1\right)$	R_V = Vorwiderstand R_B = Belastungswiderstand U_1 = Eingangsspannung U_2 = Spannung am Belastungswiderstand	R_V in Ω R_B in Ω U_1 in V U_2 in V	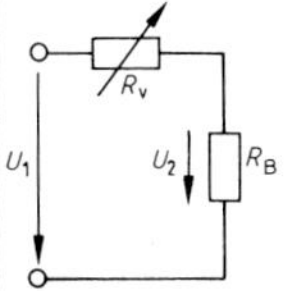
Spannungsteiler (unbelastet)	$U_2 = U_1 \frac{R_2}{R_1 + R_2}$	R_1, R_2 = Teilerwiderstände U_1 = Eingangsspannung U_2 = Ausgangsspannung	R_1, R_2 in Ω U_1 in V U_2 in V	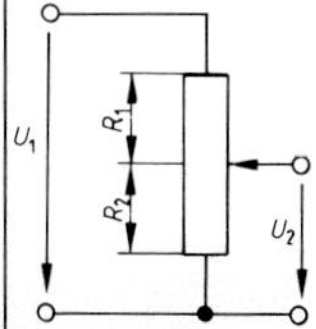

Gleichungsbezeichnung	Gleichung	Bedeutung der Formelzeichen	Einheiten	Erläuterungen
Spannungsteiler (belastet)	$U_2 = U_1 \frac{R_2 R_B}{R_1 R_2 + R_1 R_B + R_2 R_B}$ $I = \frac{U_1}{R_1 + \frac{R_2 R_B}{R_2 + R_B}}$	I = Stromstärke U_1 = Eingangsspannung U_2 = Ausgangsspannung R_1, R_2 = Teilerwiderstände R_B = Belastungswiderstand	I in A U_1 in V U_2 in V R_1, R_2 in Ω R_B in Ω	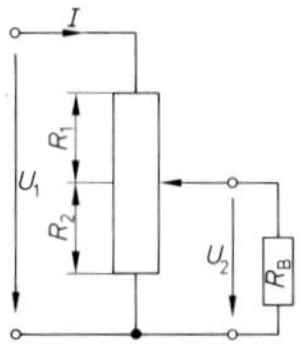
Brückenschaltung, abgeglichen ($I = 0$)	$\frac{R_1}{R_2} = \frac{R_3}{R_4}$	$R_1 \dots R_4$: Teilerwiderstände	$R_1 \dots R_4$ in Ω	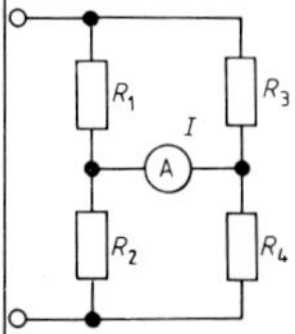

Elektrische Arbeit	$\boldsymbol{W = U \cdot I \cdot t}$ $U = \frac{W}{I \cdot t}$ $I = \frac{W}{U \cdot t}$	W = elektrische Arbeit U = Spannung I = Stromstärke t = Zeit	W in W U in V I in A t in s	
Elektrische Leistung	$\boldsymbol{P = U \cdot I}$ $I = \frac{P}{U}$ $U = \frac{P}{I}$ $\boldsymbol{P = \frac{U^2}{R}}$ $\boldsymbol{P = I^2 \cdot R}$	P = elektrische Leistung U = Spannung I = Stromstärke R = Widerstand	P in W U in V I in A R in Ω	Auch hier gilt: $P = \frac{W}{t}$

Gleichungsbezeichnung	Gleichung	Bedeutung der Formelzeichen	Einheiten	Erläuterungen
Wirkungsgrad	$\boldsymbol{\eta = \frac{P_2}{P_1}}$ $P_2 = \eta \cdot P_1$ $P_1 = \frac{P_2}{\eta}$ $\boldsymbol{\eta = \frac{W_2}{W_1}}$ $W_2 = \eta \cdot W_1$ $W_1 = \frac{W_2}{\eta}$	η = Wirkungsgrad P_1 = zugeführte Leistung P_2 = abgegebene Leistung W_1 = zugeführte Arbeit W_2 = abgegebene Arbeit	P_1 in W P_2 in W W_1 in Ws W_2 in Ws	Der Wirkungsgrad ist immer kleiner als 1 ($\eta < 1$). η wird oft in Prozent angegeben.
Elektrolyse (abgeschiedene Stoffmenge)	$\boldsymbol{m = c \cdot I \cdot t}$ $I = \frac{m}{c \cdot t}$ $t = \frac{m}{c \cdot I}$	m = abgeschiedene Stoffmenge I = Stromstärke t = Zeit c = elektrochemisches Äquivalent	m in kg I in A t in s c in $\frac{kg}{As}$	Der Zahlenwert von c ist stoffabhängig.

Gleichungs-bezeichnung	Gleichung	Bedeutung der Formelzeichen	Einheiten	Erläuterungen
Entlade-kapazität	$\boldsymbol{K = I \cdot t}$ $I = \frac{K}{t}$ $t = \frac{K}{I}$	K = Entladekapazität I = Stromstärke t = Entladezeit	K in Ws I in A t in s	
Elektrowärme	$\boldsymbol{P = \frac{m \cdot c \cdot \Delta\vartheta}{\eta \cdot t}}$ $m = \frac{P \cdot \eta \cdot t}{c \cdot \Delta\vartheta}$ $\Delta\vartheta = \frac{P \cdot \eta \cdot t}{m \cdot c}$ $t = \frac{m \cdot c \cdot \Delta\vartheta}{\eta \cdot P}$	P = elektrische Leistung m = zu erwärmende Masse $\Delta\vartheta$ = Temperaturerhöhung t = Zeitdauer des Erwärmungsvorganges η = Wirkungsgrad c = spezifische Wärmekapazität	P in W m in kg $\Delta\vartheta$ in K t in s c in $\frac{\mathrm{J}}{\mathrm{kg} \cdot \mathrm{K}}$	Anwendung z. B. bei Heißwasserbereitern, Lötkolben etc.

Gleichungsbezeichnung	Gleichung	Bedeutung der Formelzeichen	Einheiten	Erläuterungen
Leistungsanpassung	$P_{max} = \frac{U_0^2}{4 \cdot R_i}$ $U_0 = 2 \cdot \sqrt{R_i \cdot P_{max}}$ $R_i = \frac{U_0^2}{4 \cdot P_{max}}$	P_{max} = maximale Leistung bei Leistungsanpassung U_0 = Leerlaufspannung der Spannungsquelle R_i = Innenwiderstand der Spannungsquelle	P_{max} in W U_0 in V R_i in Ω	Leistungsanpassung liegt vor, wenn der Belastungswiderstand gleich dem Innenwiderstand der Spannungsquelle ist.

18.2 Elektrisches Feld

Gleichungs-bezeichnung	Gleichung	Bedeutung der Formelzeichen	Ein-heiten	Erläuterung
Kraftwirkung auf elektrische Ladungen	$\boldsymbol{F = Q \cdot E}$ $E = \frac{F}{Q}$ $Q = \frac{F}{E}$	F = auf Ladung ausgeübte Kraft E = elektrische Feldstärke Q = elektrische Ladung	F in N E in $\frac{\text{V}}{\text{m}}$ Q in As	Für die elektrische Ladung gilt auch $\boldsymbol{Q = I \cdot t}$. 1 As = 1 C (Coulomb)
Zusammenhang zwischen elektrischer Feldstärke und Spannung	$\boldsymbol{U = E \cdot s}$ $E = \frac{U}{s}$	U = elektrische Spannung E = elektrische Feldstärke s = Feldlinienlänge	U in V E in $\frac{\text{V}}{\text{m}}$ s in m	

Gleichungs-bezeichnung	Gleichung	Bedeutung der Formelzeichen	Ein-heiten	Erläuterungen
Ladung eines Kondensators	$\boldsymbol{Q = C \cdot U}$ $C = \frac{Q}{U}$ $U = \frac{Q}{C}$	Q = elektrische Ladung C = Kapazität des Kondensators U = elektrische Spannung	Q in As C in F U in V	F = Farad $1\,F = 1\,\frac{As}{V}$
Kapazität eines Kondensators	$\boldsymbol{C = \varepsilon_0 \cdot \varepsilon_r \cdot \frac{A}{d}}$ $A = \frac{C \cdot d}{\varepsilon_0 \cdot \varepsilon_r}$ $d = \frac{\varepsilon_0 \cdot \varepsilon_r \cdot A}{C}$	C = Kapazität A = Fläche der Elektrode d = Abstand der Beläge ε_0 = elektrische Feldkonstante ε_r = relative Dielektrizitätszahl	C in F A in m^2 d in m ε_0 in $\frac{As}{Vm}$	Gleichung nur für Plattenkondensator mit geringem Plattenabstand (homogenes Feld) gültig. $\varepsilon_0 = 8{,}86 \cdot 10^{-12}\,\frac{As}{Vm}$
Mehrplatten-kondensator	$\boldsymbol{C = \varepsilon_0 \cdot \varepsilon_r \frac{(n-1)\,A}{d}}$	n = Anzahl der Platten		

Parallelschaltung von Kondensatoren	$C = C_1 + C_2 + \cdots C_n$ $C = \sum_{\nu=1}^{n} C_\nu$	C = Gesamtkapazität $C_1 \ldots C_n$ = Teilkapazitäten	C in F $C_1 \ldots C_n$ in F	
Reihenschaltung von Kondensatoren	$\frac{1}{C} = \frac{1}{C_1} + \frac{1}{C_2} + \cdots + \frac{1}{C_n}$ $\frac{1}{C} = \sum_{\nu=1}^{n} \frac{1}{C_\nu}$	C = Ersatzkapazität $C_1 \ldots C_n$ = Teilkapazitäten	C in F $C_1 \ldots C_n$ in F	
Zwei Kondensatoren in Reihe	$C = \frac{C_1 \cdot C_2}{C_1 + C_2}$			
***n* gleiche Kondensatoren in Reihe**	$C = \frac{C'}{n}$	C = Ersatzkapazität C' = Kapazitätswert der gleichen Kondensatoren n = Anzahl der gleichen Kondensatoren	C in F C' in F	

Gleichungs-bezeichnung	Gleichung	Bedeutung der Formelzeichen	Ein-heiten	Erläuterungen
Energie des geladenen Kondensators	$\boldsymbol{W=\frac{1}{2}CU^2}$ $C=\frac{2W}{U^2}$ $U=\sqrt{\frac{2W}{C}}$	W = Energie C = Kapazität U = Spannung	W in Ws C in F U in V	$W=\frac{1}{2}Q\cdot U$ $W=\frac{1}{2}Q^2/C$
Zeitkonstante eines RC-Gliedes	$\boldsymbol{\tau=R\cdot C}$ $R=\frac{\tau}{C}$ $C=\frac{\tau}{R}$	τ = Zeitkonstante R = Ohmscher Widerstand C = Kapazität	τ in s R in Ω C in F	$1\,\Omega=1\,\frac{V}{A}$ $1\,F=1\,\frac{As}{V}$
Ein- und Ausschaltzeit	$\boldsymbol{t\approx 5\tau}$	t = Ein- bzw. Ausschaltzeit τ = Zeitkonstante	t in s τ in s	

18.3 Magnetisches Feld

Gleichungs-bezeichnung	Gleichung	Bedeutung der Formelzeichen	Einheiten	Erläuterungen
Durchflutung	$\boldsymbol{\Theta = I \cdot N}$ $I = \frac{\Theta}{N}$ $N = \frac{\Theta}{I}$	Θ = Durchflutung I = Stromstärke N = Windungszahl	Θ in A I in A	Die Windungszahl hat die Einheit 1.
Magnetische Spannung	$\boldsymbol{V = H \cdot l}$ $H = \frac{V}{l}$ $l = \frac{V}{H}$	V = magnetische Spannung H = magnetische Feldstärke l = wirksame Feldlinienlänge	V in A H in $\frac{\mathrm{A}}{\mathrm{m}}$ l in m	

Gleichungs-bezeichnung	Gleichung	Bedeutung der Formelzeichen	Ein-heiten	Erläuterungen
Magnetische Feldstärke	$\boldsymbol{H = \frac{I \cdot N}{l} = \frac{\Theta}{l}}$ $I = \frac{H \cdot l}{N}$ $l = \frac{I \cdot N}{H}$ $N = \frac{H \cdot l}{I}$	H = magnetische Feldstärke I = Stromstärke N = Windungszahl l = wirksame Feldlinienlänge Θ = Durchflutung	H in $\frac{\text{A}}{\text{m}}$ I in A l in m Θ in A	
Durch-flutungssatz	$\boldsymbol{H_1 \cdot l_1 + H_2 \cdot l_2 + \cdots + H_n \cdot l_n = I \cdot N}$ **bzw.** $\boldsymbol{\sum_{\nu=1}^{n} H_\nu \cdot l_\nu = I \cdot N}$	$H_1 \ldots H_n$ = magnetische Feldstärke I = Stromstärke N = Windungszahl	$H_1 \ldots H_n$ in $\frac{\text{A}}{\text{m}}$ I in A	Die Summe der magnetischen Spannungen ist gleich der Durchflutung.

Magnetische Flussdichte	$\boldsymbol{B = \mu_0 \cdot \mu_r \cdot H}$ $H = \frac{B}{\mu_0 \cdot \mu_r}$	B = magnetische Flussdichte H = magnetische Feldstärke μ_r = Permeabilitätszahl μ_0 = magnetische Feldkonstante (Induktionskonstante)	B in $\frac{Vs}{m^2}$ H in $\frac{A}{m}$ μ_0 in $\frac{Vs}{Am}$	Die magnetische Flußdichte wird auch als magnetische Induktion bezeichnet. $1 \frac{Vs}{m^2} = 1$ T (Tesla) $\boldsymbol{\mu = \mu_0 \cdot \mu_r}$ $\mu_0 = 1{,}256 \cdot 10^{-6} \frac{Vs}{Am}$
Magnetischer Fluss	$\boldsymbol{\Phi = B \cdot A}$ $B = \frac{\Phi}{A}$ $A = \frac{\Phi}{B}$	Φ = magnetischer Fluss B = magnetische Flussdichte A = magnetisierte Fläche	Φ in Vs B in $\frac{Vs}{m^2}$ A in m^2	Gleichung gilt nur, wenn B senkrecht auf A steht.

Gleichungs-bezeichnung	Gleichung	Bedeutung der Formelzeichen	Ein-heiten	Erläuterungen
Magnetischer Widerstand	$R_m = \frac{l}{\mu_0 \cdot \mu_r \cdot A}$ $A = \frac{l}{\mu_0 \cdot \mu_r \cdot R_m}$ $l = \mu_0 \cdot \mu_r \cdot A \cdot R_m$	R_m = magnetischer Widerstand l = Feldlinienlänge A = magnetisierter Querschnitt μ_r = Permeabilitätszahl μ_0 = magnetische Feldkonstante	R_m in $\frac{1}{H}$ l in m A in m^2 μ_0 in $\frac{Vs}{Am}$	H = Henry $1\ H = 1\ \frac{Vs}{A}$ $\mu_0 = 1{,}256 \cdot 10^{-6}\ \frac{Vs}{Am}$
Magnetischer Leitwert	$\Lambda = \frac{1}{R_m}$	Λ = magnetischer Leitwert R_m = magnetischer Widerstand	Λ in H R_m in $\frac{1}{H}$	
Hopkinson-scher Satz	$\Phi = \frac{\Theta}{R_m}$ $\Theta = \Phi \cdot R_m$ $R_m = \frac{\Theta}{\Phi}$	Φ = magnetischer Fluss Θ = Durchflutung R_m = magnetischer Widerstand	Φ in Vs Θ in A R_m in $\frac{1}{H}$	Der Hopkinsonsche Satz wird als das „Ohmsche Gesetz“ des magnetischen Kreises bezeichnet.

Kraft auf einen Leiter	$\boldsymbol{F = B \cdot I \cdot l}$ $B = \frac{F}{l \cdot I}$ $I = \frac{F}{B \cdot l}$ $l = \frac{F}{B \cdot I}$	F = auf den Leiter ausgeübte Kraft B = magnetische Flussdichte I = Stromstärke im Leiter l = Leiterlänge im Magnetfeld	F in N B in $\frac{\mathrm{Vs}}{\mathrm{m}^2}$ I in A l in m	Gleichung gilt nur, wenn Leiter und Feldlinien einen rechten Winkel miteinander bilden.
Kraft zwischen zwei Leitern	$\boldsymbol{F = \mu_0 \frac{I_1 \cdot I_2}{2\pi \cdot r} \cdot l}$ $I_1 = \frac{2\pi \cdot r \cdot F}{\mu_0 \cdot l \cdot I_2}$ $I_2 = \frac{2\pi \cdot r \cdot F}{\mu_0 \cdot l \cdot I_1}$	F = Kraft zwischen zwei Leitern I_1 = Stromstärke im ersten Leiter I_2 = Stromstärke im zweiten Leiter l = Leiterlänge r = gegenseitiger Leiterabstand μ_0 = magnetische Feldkonstante	F in N I_1, I_2 in A l in m r in m	Diese Gleichung wird auch als Amperesches Gesetz bezeichnet. $\mu_0 = 1{,}256 \cdot 10^{-6}\ \frac{\mathrm{Vs}}{\mathrm{Am}}$

Gleichungs-bezeichnung	Gleichung	Bedeutung der Formelzeichen	Ein-heiten	Erläuterungen
Induktions-gesetz	$\boldsymbol{u_i = -N \cdot \frac{\Delta \Phi}{\Delta t}}$ $\frac{\Delta \Phi}{\Delta t} = -\frac{u_i}{N}$ $\boldsymbol{u_i = B \cdot l \cdot v}$ $B = \frac{u_i}{l \cdot v}$ $l = \frac{u_i}{B \cdot v}$ $v = \frac{u_i}{B \cdot l}$	u_i = induzierte Spannung N = Windungszahl $\frac{\Delta \Phi}{\Delta t}$ = zeitliche Flussänderung B = magnetische Flussdichte l = Leiterlänge im Magnetfeld v = Geschwindigkeit, mit der der Leiter im Magnetfeld bewegt wird	u_i in V $\frac{\Delta \Phi}{\Delta t}$ in V B in $\frac{Vs}{m^2}$ l in m v in $\frac{m}{s}$	Zeitlich veränderliche Größen werden durch kleine Buchstaben gekennzeichnet.

Induktivität	$L = \frac{N \cdot \Phi}{I}$ $I = \frac{N \cdot \Phi}{L}$ $\Phi = \frac{L \cdot I}{N}$ $N = \frac{L \cdot I}{\Phi}$ $L = N^2 \cdot \Lambda = \frac{N^2}{R_m}$	L = Induktivität N = Windungszahl Φ = magnetischer Fluss I = Stromstärke Λ = magnetische Leitfähigkeit R_m = magnetischer Widerstand	L in H Φ in Vs I in A Λ in H R_m in $\frac{1}{H}$	$1\,H = 1\,\frac{Vs}{A}$
Reihen-schaltung von Induktivitäten	$L = L_1 + L_2 + \cdots + L_n$ $L = \sum_{v=1}^{n} L_v$	L = Gesamtinduktivität $L_1 \ldots L_n$ = Teilinduktivitäten	L in H $L_1 \ldots L_n$ in H	
Parallel-schaltung von Induktivitäten	$\frac{1}{L} = \frac{1}{L_1} + \frac{1}{L_2} + \cdots + \frac{1}{L_n}$ $\frac{1}{L} = \sum_{v=1}^{n} \frac{1}{L_v}$	L = Ersatzinduktivität $L_1 \ldots L_n$ = Teilinduktivitäten	L in H $L_1 \ldots L_n$ in H	

Gleichungs-bezeichnung	Gleichung	Bedeutung der Formelzeichen	Ein-heiten	Erläuterungen
Induktivität einer Spule	$\mathbf{L = N^2 \frac{\mu_0 \cdot \mu_r \cdot A}{l}}$ $A = \frac{L \cdot l}{\mu_0 \cdot \mu_r \cdot N^2}$ $l = \frac{N^2 \cdot \mu_0 \cdot \mu_r \cdot A}{L}$ $N = \sqrt{\frac{L \cdot l}{\mu_0 \cdot \mu_r \cdot A}}$	L = Induktivität N = Windungszahl A = wirksame Fläche l = Spulenlänge μ_r = Permeabilitätszahl μ_0 = magnetische Feldkonstante	L in H A in m^2 l in m μ_0 in $\frac{Vs}{Am}$	$\mu_0 = 1{,}256 \cdot 10^{-6} \frac{Vs}{Am}$
Energie des magnetischen Feldes	$\mathbf{W = \frac{1}{2} L \cdot I^2}$ $L = \frac{2W}{I^2}$ $I = \sqrt{\frac{2W}{L}}$	W = Energie L = Induktivität I = Stromstärke	W in Ws L in H I in A	

Zeitkonstante eines RL-Gliedes	$\tau = \frac{L}{R}$ $L = \tau \cdot R$ $R = \frac{L}{\tau}$	τ = Zeitkonstante L = Induktivität R = ohmscher Widerstand	τ in s L in H R in Ω	
Ein- bzw. Ausschaltzeit	$t \approx 5\tau$	t = Ein- bzw. Ausschaltzeit τ = Zeitkonstante	t in s τ in s	

18.4 Wechselstromtechnik

Gleichungsbezeichnung	Gleichung	Bedeutung der Formelzeichen	Einheiten	Erläuterungen
Frequenz, Kreisfrequenz	$f = \frac{1}{T}$ $\omega = 2\pi \cdot f$ $T = \frac{1}{f}$ $f = \frac{\omega}{2\pi}$	f = Frequenz T = Periodendauer ω = Kreisfrequenz	f in Hz T in s ω in $\frac{1}{s}$	Hz = Hertz
Effektivwert	$U = \frac{\hat{u}}{\sqrt{2}}$ $I = \frac{\hat{i}}{\sqrt{2}}$ $\hat{u} = \sqrt{2} \cdot U$ $\hat{i} = \sqrt{2} \cdot I$	U, I = Effektivwert $\hat{u}, \hat{i}$ = Scheitelwert	$U, \hat{u}$ in V $I, \hat{i}$ in A	

Gleichungs-bezeichnung	Gleichung	Bedeutung der Formelzeichen	Ein-heiten	Erläuterungen
Gleichricht-wert	$\overline{\lvert u \rvert} = 0{,}637 \cdot \hat{u}$ $\overline{\lvert i \rvert} = 0{,}637 \cdot \hat{i}$	$\overline{\lvert u \rvert}, \overline{\lvert i \rvert}$ = Gleichricht-wert $\hat{u}, \hat{i}$ = Scheitelwert	$\overline{\lvert u \rvert}, \hat{u}$ in V $\overline{\lvert i \rvert}, \hat{i}$ in A	Gilt nur bei sinusförmigen Verlauf von Strom und Spannung.
Augenblicks-werte von Strom und Spannung	$u = \hat{u} \cdot \sin\alpha$ $i = \hat{i} \cdot \sin\alpha$	u = Augenblickswert der Spannung i = Augenblickswert des Stromes $\hat{u}$ = Scheitelwert der Spannung $\hat{i}$ = Scheitelwert des Stromes α = Drehwinkel	$u, \hat{u}$ in V $i, \hat{i}$ in A	$\alpha = \omega \cdot t$
Induktiver Blindwider-stand	$X_L = \omega \cdot L$ $L = \frac{X_L}{\omega}$	X_L = induktiver Blindwiderstand L = Induktivität ω = Kreisfrequenz	X_L in Ω L in H ω in $\frac{1}{s}$	$\omega = 2\pi \cdot f$

Kapazitiver Blindwiderstand	$\mathbf{X_C = \frac{1}{\omega \cdot C}}$ $C = \frac{1}{\omega \cdot X_C}$	X_C = kapazitiver Blindwiderstand C = Kapazität ω = Kreisfrequenz	X_C in Ω C in F ω in $\frac{1}{s}$	$\omega = 2\pi \cdot f$
Scheinwiderstand	$\mathbf{Z = \frac{U}{I}}$ $U = I \cdot Z$ $I = \frac{U}{Z}$ $\mathbf{Z = \sqrt{R^2 + X_L^2} = \sqrt{R^2 + X_C^2}}$ $R = \sqrt{Z^2 - X_L^2} = \sqrt{Z^2 - X_C^2}$ $X_L = \sqrt{Z^2 - R^2}$ $X_C = \sqrt{Z^2 - R^2}$	Z = Scheinwiderstand U = Spannung I = Stromstärke R = Wirkwiderstand X_L = induktiver Blindwiderstand X_C = kapazitiver Blindwiderstand	Z in Ω U in V I in A R in Ω X_L in Ω X_C in Ω	Gleichungen finden bei Reihenschaltung Anwendung. R, L und C in Reihe: $Z = \sqrt{R^2 + (X_L - X_C)^2}$

Gleichungs-bezeichnung	Gleichung	Bedeutung der Formelzeichen	Ein-heiten	Erläuterungen
Scheinleitwert	$\mathbf{Y = \frac{1}{Z}}$	Y = Scheinleitwert	Y in $\frac{1}{\Omega} = \mathrm{S}$	S = Siemens
	$Z = \frac{1}{Y}$	Z = Scheinwiderstand	Z in Ω	
	$\mathbf{Y = \sqrt{\frac{1}{R^2} + \frac{1}{X_L^2}} = \sqrt{\frac{1}{R^2} + \frac{1}{X_C^2}}}$	R = Wirkwiderstand	R in Ω	
	$R = \frac{1}{\sqrt{Y^2 - \frac{1}{X_L^2}}} = \frac{1}{\sqrt{Y^2 - \frac{1}{X_C^2}}}$	X_L = induktiver Blindwiderstand	X_L in Ω	Gleichungen finden bei Parallelschaltungen Anwendung.
	$X_L = \frac{1}{\sqrt{Y^2 - \frac{1}{R^2}}}$	X_C = kapazitiver Blindwiderstand	X_C in Ω	
	$X_C = \frac{1}{\sqrt{Y^2 - \frac{1}{R^2}}}$			

Resonanz im Schwingkreis	$\mathbf{X_L = X_C}$ $\mathbf{f_0 = \frac{1}{2\pi \cdot \sqrt{L \cdot C}}}$ $L = \frac{1}{C(2\pi f_0)^2}$ $C = \frac{1}{L(2\pi f_0)^2}$	X_L = induktiver Blindwiderstand X_C = kapazitiver Blindwiderstand f_0 = Resonanzfrequenz L = Induktivität C = Kapazität	X_L, X_C in Ω f_0 in Hz L in H C in F	Bei Resonanz ($X_L = X_C$) zeigt der Schwingkreis rein ohmsches Verhalten.
Wirkleistung	$\mathbf{P = U \cdot I \cdot \cos\varphi}$ $U = \frac{P}{I \cdot \cos\varphi}$ $I = \frac{P}{U \cdot \cos\varphi}$ $\cos\varphi = \frac{P}{U \cdot I}$	P = Wirkleistung U = Spannung I = Stromstärke $\cos\varphi$ = Leistungsfaktor	P in W U in V I in A	Nur Wirkleistung kann in eine andere Energieform umgewandelt werden. $P = R \cdot I^2 = \frac{U^2}{R}$ R = elektrischer Widerstand in Ω

Gleichungs-bezeichnung	Gleichung	Bedeutung der Formelzeichen	Einheiten	Erläuterungen
Blindleistung	$\boldsymbol{Q = U \cdot I \cdot \sin\varphi}$	Q = induktive bzw. kapazitive Blindleistung	Q in var	var = Volt-Ampere-reaktiv
	$U = \dfrac{Q}{I \cdot \sin\varphi}$	U = Spannung	U in V	
	$I = \dfrac{Q}{U \cdot \sin\varphi}$	I = Stromstärke	I in A	
Scheinleistung	$\boldsymbol{S = U \cdot I}$	S = Scheinleistung	S in VA	VA = Volt-Ampere
	$U = \dfrac{S}{I}$	U = Spannung	U in V	
	$I = \dfrac{S}{U}$	I = Stromstärke	I in A	
Leistungs-faktor	$\boldsymbol{\cos\varphi = \dfrac{P}{S}}$	$\cos\varphi$ = Leistungs-faktor		Bei rein ohmscher Belastung ist $\cos\varphi = 1$.
	$P = S \cdot \cos\varphi$	P = Wirkleistung	P in W	
	$S = \dfrac{P}{\cos\varphi}$	S = Scheinleistung	S in VA	

	$\mathbf{\cos\varphi = \frac{R}{Z}}$ $R = Z \cdot \cos\varphi$ $Z = \frac{R}{\cos\varphi}$	R = Wirkwiderstand Z = Scheinwiderstand	R in Ω Z in Ω	
Blind-leistungs-kompensation	$\mathbf{C = \frac{P(\tan\varphi_1 - \tan\varphi_2)}{\omega U^2}}$	C = Kapazitätswert des Kompensationskondensators P = Wirkleistung U = Spannung ω = Kreisfrequenz φ_1 = Phasenverschiebungswinkel vor der Kompensation φ_2 = Phasenverschiebungswinkel nach der Kompensation	C in F P in W U in V ω in $\frac{1}{s}$	

18.5 Drehstromtechnik

Gleichungs-bezeichnung	Gleichung	Bedeutung der Formelzeichen	Ein-heiten	Erläuterungen
Stern-schaltung	$\boldsymbol{I_L = I_{Str}}$ $\boldsymbol{U_L = \sqrt{3} \cdot U_{Str}}$ $U_{Str} = \frac{U_L}{\sqrt{3}}$	I_L = Leiterstrom I_{Str} = Strangstrom U_L = Leiterspannung U_{Str} = Strangspannung	I_L, I_{Str} in A U_L, U_{Str} in V	$\sqrt{3}$ = Verkettungsfaktor
Dreieck-schaltung	$\boldsymbol{U_L = U_{Str}}$ $\boldsymbol{I_L = \sqrt{3} \cdot I_{Str}}$ $I_{Str} = \frac{I_L}{\sqrt{3}}$	U_L = Leiterspannung U_{Str} = Strangspannung I_L = Leiterstrom I_{Str} = Strangstrom	U_L, U_{Str} in V I_L, I_{Str} in A	
Wirkleistung	$\boldsymbol{P = \sqrt{3} \cdot U \cdot I \cdot \cos\varphi}$ $U = \frac{P}{\sqrt{3} \cdot I \cdot \cos\varphi}$	P = Wirkleistung U = Spannung	P in W U in V	

	$I = \frac{P}{\sqrt{3} \cdot U \cdot \cos\varphi}$	I = Stromstärke	I in A	
	$\cos\varphi = \frac{P}{\sqrt{3} \cdot U \cdot I}$	$\cos\varphi$ = Leistungsfaktor		
Blindleistung	$\boldsymbol{Q = \sqrt{3} \cdot U \cdot I \cdot \sin\varphi}$	Q = induktive bzw. kapazitive Blindleistung	Q in var	var = Volt-Ampere-reaktiv
	$U = \frac{Q}{\sqrt{3} \cdot I \cdot \sin\varphi}$	U = Spannung	U in V	
	$I = \frac{Q}{\sqrt{3} \cdot U \cdot \sin\varphi}$	I = Stromstärke	I in A	
	$\sin\varphi = \frac{Q}{\sqrt{3} \cdot U \cdot I}$			
Scheinleistung	$\boldsymbol{S = \sqrt{3} \cdot U \cdot I}$	S = Scheinleistung	S in VA	
	$U = \frac{S}{\sqrt{3} \cdot I}$	U = Spannung	U in V	
	$I = \frac{S}{\sqrt{3} \cdot U}$	I = Stromstärke	I in A	

Gleichungs-bezeichnung	Gleichung	Bedeutung der Formelzeichen	Ein-heiten	Erläuterungen
Blind-leistungs-kompensation	$C_{\perp} = \dfrac{P(\tan \varphi_1 - \tan \varphi_2)}{\omega U^2}$ $C_{\triangle} = \dfrac{P(\tan \varphi_1 - \tan \varphi_2)}{3 \omega U^2}$	$C_{\perp}$ = Kapazität der Kompensations-kondensatoren in Sternschaltung $C_{\triangle}$ = Kapazität der Kompensations-kondensatoren in Dreieckschaltung P = Wirkleistung U = Spannung ω = Kreisfrequenz φ_1 = Phasenverschie-bungswinkel vor der Kompensation φ_2 = Phasenverschie-bungswinkel nach der Kompensation	$C_{\perp}$, $C_{\triangle}$ in F P in W U in V ω in $\frac{1}{s}$	$\boldsymbol{C_{\perp} = 3\, C_{\triangle}}$

18.6 Elektrowärme

Abgegebene Wärmemenge	$\boldsymbol{Q_2 = m \cdot c \cdot \Delta\vartheta}$ $m = \dfrac{Q_2}{c \cdot \Delta\vartheta}$ $\Delta\vartheta = \dfrac{Q_2}{m \cdot c}$	Q_2 = abgegebene Wärmemenge m = Masse, Stoffmenge $\Delta\vartheta$ = Temperaturdifferenz c = spezifische Wärmekapazität	Q_2 in J m in kg $\Delta\vartheta$ in K c in $\dfrac{\text{J}}{\text{kg} \cdot \text{K}}$	J = Joule
Zugeführte Wärmemenge	$\boldsymbol{Q_1 = P \cdot t}$ $P = \dfrac{Q_1}{t}$ $t = \dfrac{Q_1}{P}$	Q_1 = zugeführte Wärmemenge P = elektrische Leistung t = Zeit	Q_1 in J P in W t in s	1 J = 1 Ws
Wärme-wirkungsgrad	$\boldsymbol{\eta = \dfrac{Q_2}{Q_1}}$ $Q_1 = \dfrac{Q_2}{\eta}$ $Q_2 = \eta \cdot Q_1$	η = Wärmewirkungsgrad Q_1 = zugeführte Wärmemenge Q_2 = abgegebene Wärmemenge	Q_1, Q_2 in J	

18.7 Elektrochemie

Gleichungs-bezeichnung	Gleichung	Bedeutung der Formelzeichen	Ein-heiten	Erläuterungen
Elektrolyse	$\boldsymbol{m = c \cdot I \cdot t}$	m = abgeschiedene Masse	m in kg	
	$I = \frac{m}{c \cdot t}$	I = Stromstärke	I in A	
	$t = \frac{m}{c \cdot I}$	t = Zeit	t in s	
		c = elektrochemisches Äquivalent	c in $\frac{kg}{As}$	
Akkumulatoren	$\boldsymbol{Q_E = I_E \cdot t_E}$	Q_E = Entladekapazität	Q_E in Ah	Ah = Amperestunde
	$I_E = \frac{Q_E}{t_E}$	I_E = Entladestromstärke	I_E in A	
	$t_E = \frac{Q_E}{I_E}$	t_E = Entladezeit	t_E in h	

Amperestundenwirkungsgrad	$\eta_{Ah} = \frac{I_E \cdot t_E}{I_L \cdot t_L}$	η_{Ah} = Amperestundenwirkungsgrad I_E = Entladestromstärke t_E = Entladezeit I_L = Ladestromstärke t_L = Ladezeit	I_E, I_L in A t_E, t_L in h	
Wattstundenwirkungsgrad	$\eta_{Wh} = \frac{W_E}{W_L}$	η_{Wh} = Wattstundenwirkungsgrad W_E = Entladeenergie W_L = Ladeenergie	W_E, W_L in Wh	Wh = Wattstunde

18.8 Transformatoren

Gleichungs-bezeichnung	Gleichung	Bedeutung der Formelzeichen	Ein-heiten	Erläuterungen
Übersetzungs-verhältnis	$\ddot{u} = \frac{N_1}{N_2} \approx \frac{U_1}{U_2} \approx \frac{I_2}{I_1}$	$\ddot{u}$ = Übersetzungs-verhältnis N_1 = primäre Windungszahl N_2 = sekundäre Windungszahl U_1 = primäre Spannung U_2 = sekundäre Spannung I_1 = primärer Strom I_2 = sekundärer Strom	U_1, U_2 in V I_1, I_2 in A	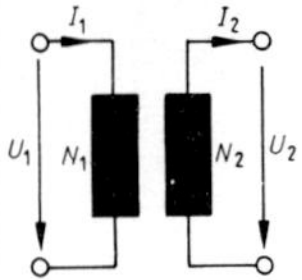
Widerstands-verhältnis	$\frac{Z_1}{Z_2} = \left(\frac{N_1}{N_2}\right)^2 = \ddot{u}^2$	Z_1 = primärer Scheinwiderstand Z_2 = sekundärer Scheinwiderstand	Z_1, Z_2 in Ω	

		N_1 = primäre Windungszahl N_2 = sekundäre Windungszahl $ü$ = Übersetzungsverhältnis		

18.9 Lichttechnik

Gleichungsbezeichnung	Gleichung	Bedeutung der Formelzeichen	Einheiten	Erläuterungen
Lichtstärke	$\boldsymbol{I_v = \frac{\Phi_v}{\omega}}$ $\Phi_v = \omega \cdot I_v$ $\omega = \frac{\Phi_v}{I_v}$	I_V = Lichtstärke Φ_V = Lichtstrom ω = 1 sr, wenn Ausschnittsfläche auf der Kugel 1 m^2 beträgt	I_V in cd Φ in lm ω in sr	cd = Candela lm = Lumen

Gleichungsbezeichnung	Gleichung	Bedeutung der Formelzeichen	Einheiten	Erläuterungen
Leuchtdichte	$\boldsymbol{L_v = \frac{I_v}{A}}$ $I_v = L_v \cdot A$ $A = \frac{I_v}{L_v}$	L_v = Leuchtdichte I_v = Lichtstärke A = leuchtende sichtbare Fläche	L_v in $\frac{cd}{m^2}$ I_v in cd A in m^2	
Lichtmenge	$\boldsymbol{Q_v = \Phi_v \cdot t}$ $\Phi_v = \frac{Q_v}{t}$	Q_v = Lichtmenge Φ_v = Lichtstrom t = Zeit	Q_v in lms Φ_v in lm t in s	lms = Lumensekunde
Beleuchtungsstärke	$\boldsymbol{E_v = \frac{\Phi_v}{A}}$ $\Phi_v = E_v \cdot A$ $A = \frac{\Phi_v}{E_v}$	E_v = Beleuchtungsstärke Φ_v = Lichtstrom A = beleuchtete Fläche	E_v in lx Φ_v in lm A in m^2	lx = Lux

Beleuchtungsstärke im Punkt P	$\boldsymbol{E_p = \frac{I_v \cdot \cos\alpha}{r^2}}$ $I_v = \frac{E_p \cdot r^2}{\cos\alpha}$	E_p = Beleuchtungsstärke im Punkt P I_v = Lichtstärke r = Abstand des Punktes P von der Lichtquelle α = Strahlungswinkel gegen die Senkrechte	E_p in lx I_v in cd r in m	
Lichtausbeute	$\boldsymbol{\eta = \frac{\Phi_v}{P}}$ $\Phi_v = \eta \cdot P$ $P = \frac{\Phi_v}{\eta}$	η = Lichtausbeute Φ_v = Lichtstrom P = Leistungsaufnahme der Lichtquelle	η in $\frac{\text{lm}}{\text{W}}$ Φ_v in lm P in W	W = Watt
Innenbeleuchtung nach der Wirkungsgradmethode	$\boldsymbol{\Phi_v = \frac{E_m \cdot A}{\eta_B \cdot V}}$ $E_m = \frac{\Phi_v \cdot \eta_B \cdot V}{A}$	Φ_v = Lichtstrom E_m = mittlere Beleuchtungsstärke η_B = Beleuchtungswirkungsgrad V = Verlustfaktor A = beleuchtete Fläche	Φ_v in lm E_m in lx A in m^2	

18.10 Gleichstrommaschinen

Gleichungs-bezeichnung	Gleichung	Bedeutung der Formelzeichen	Ein-heiten	Erläuterungen
Motorleistung, zugeführte	$\boldsymbol{P_1 = U \cdot I}$ $U = \frac{P_1}{I}$ $I = \frac{P_1}{U}$	P_1 = zugeführte Wirkleistung U = Netzspannung I = Stromstärke	P_1 in W U in V I in A	
Motorleistung, abgeführte	$\boldsymbol{P_2 = U \cdot I \cdot \eta}$ $U = \frac{P_2}{I \cdot \eta}$ $I = \frac{P_2}{U \cdot \eta}$ $\eta = \frac{P_2}{U \cdot I}$	P_2 = abgeführte Wirkleistung U = Netzspannung I = Stromstärke η = Wirkungsgrad	P_2 in W U in V I in A	$\eta = \frac{P_2}{P_1}$

Generator-leistung, zugeführte	$\boldsymbol{P_1 = \frac{U \cdot I}{\eta}}$ $U = \frac{P_1 \cdot \eta}{I}$ $I = \frac{P_1 \cdot \eta}{U}$ $\eta = \frac{U \cdot I}{P_1}$	P_1 = zugeführte Generatorleistung U = Netzspannung I = Stromstärke η = Wirkungsgrad	P_1 in W U in V I in A	$\eta = \frac{P_2}{P_1}$
Generator-leistung, abgeführte	$\boldsymbol{P_2 = U \cdot I}$ $U = \frac{P_2}{I}$ $I = \frac{P_2}{U}$	P_2 = abgeführte Generatorleistung U = Netzspannung I = Stromstärke	P_2 in W U in V I in A	

Gleichungs-bezeichnung	Gleichung	Bedeutung der Formelzeichen	Ein-heiten	Erläuterungen
Klemmen-spannung des Gleichstrom-generators	$\boldsymbol{U_K = U_0 - I \cdot R_A}$ $U_0 = U_K + I \cdot R_A$ $I = \frac{U_0 - U_K}{R_A}$ $R_A = \frac{U_0 - U_K}{I}$	U_K = Klemmen-spannung U_0 = Leerlauf-spannung I = Stromstärke R_A = Ankerwiderstand	U_K in V U_0 in V I in A R_A in Ω	Der Ankerwiderstand setzt sich zusammen aus den Widerständen von Anker, Wendepolen und Zuleitung zum Anlasser.
Anlasser für Gleichstrom-motoren	$\boldsymbol{R_v \geqq \frac{U}{I^*} - R_A}$	R_v = Anlasserwider-stand R_A = Ankerwiderstand U = Netzspannung I^* = zulässiger An-lassspitzenstrom	R_v in Ω R_A in Ω U in V I^* in A	$I^* \approx 1{,}5 \cdot I_{AN}$ I_{AN} = Anker-nennstrom

18.11 Wechselstrommaschinen

Gleichungs-bezeichnung	Gleichung	Bedeutung der Formelzeichen	Ein-heiten	Erläuterungen
Synchrone Drehzahl	$\boldsymbol{n_s = \frac{f}{p}}$ $f = n_s \cdot p$ $p = \frac{f}{n_s}$	n_s = synchrone Drehzahl f = Frequenz p = Polpaarzahl	n_s in $\frac{1}{s}$ f in Hz	Im allgemeinen wird die Drehzahl in $\frac{1}{\text{min}}$ angegeben. Beachte: 1 min = 60 s
Schlupf	$\boldsymbol{s = \frac{n_s - n}{n_s}}$ $n = (1-s)\, n_s$ $n_s = \frac{n}{1-s}$	s = Schlupf n_s = synchrone Drehzahl n = tatsächliche Drehzahl	n_s in $\frac{1}{\text{min}}$ n in $\frac{1}{\text{min}}$	Soll der Schlupf in % angegeben werden, ist die Gleichung für s mit 100 % zu multiplizieren.

Gleichungsbezeichnung	Gleichung	Bedeutung der Formelzeichen	Einheiten	Erläuterungen
Einphasen-Wechselstrommotor: zugeführte Leistung	$\boldsymbol{P_1 = U \cdot I \cdot \cos\varphi}$ $U = \frac{P_1}{I \cdot \cos\varphi}$ $I = \frac{P_1}{U \cdot \cos\varphi}$ $\cos\varphi = \frac{P_1}{U \cdot I}$	P_1 = zugeführte Leistung U = Netzspannung I = Stromstärke $\cos\varphi$ = Leistungsfaktor	P_1 in W U in V I in A	$\cos\varphi = \frac{P}{S}$
Einphasen-Wechselstrommotor: abgegebene Leistung	$\boldsymbol{P_2 = \eta \cdot U \cdot I \cdot \cos\varphi}$ $U = \frac{P_2}{\eta \cdot I \cdot \cos\varphi}$ $I = \frac{P_2}{\eta \cdot U \cdot \cos\varphi}$ $\cos\varphi = \frac{P_2}{\eta \cdot U \cdot I}$ $\eta = \frac{P_2}{U \cdot I \cdot \cos\varphi}$	P_2 = abgegebene Leistung U = Netzspannung I = Stromstärke $\cos\varphi$ = Leistungsfaktor η = Wirkungsgrad	P_2 in W U in V I in A	

Einphasen-Wechselstromgenerator: zugeführte Leistung	$\boldsymbol{P_1 = \frac{U \cdot I \cdot \cos\varphi}{\eta}}$ $U = \frac{P_1 \cdot \eta}{I \cdot \cos\varphi}$ $I = \frac{P_1 \cdot \eta}{U \cdot \cos\varphi}$ $\cos\varphi = \frac{P_1 \cdot \eta}{U \cdot I}$ $\eta = \frac{U \cdot I \cdot \cos\varphi}{P_1}$	P_1 = zugeführte Leistung U = Netzspannung I = Stromstärke $\cos\varphi$ = Leistungsfaktor η = Wirkungsgrad	P in W U in V I in A	
Einphasen-Wechselstromgenerator: abgegebene Leistung	$\boldsymbol{P_2 = U \cdot I \cdot \cos\varphi}$ $U = \frac{P_2}{I \cdot \cos\varphi}$ $I = \frac{P_2}{U \cdot \cos\varphi}$ $\cos\varphi = \frac{P_2}{U \cdot I}$	P_2 = abgegebene Leistung U = Netzspannung I = Stromstärke $\cos\varphi$ = Leistungsfaktor	P_2 in W U in V I in A	

Gleichungsbezeichnung	Gleichung	Bedeutung der Formelzeichen	Einheiten	Erläuterungen
Drehstrommotor: zugeführte Leistung	$\boldsymbol{P_1 = \sqrt{3} \cdot U \cdot I \cdot \cos\varphi}$ $U = \frac{P_1}{\sqrt{3} \cdot I \cdot \cos\varphi}$ $I = \frac{P_1}{\sqrt{3} \cdot U \cdot \cos\varphi}$ $\cos\varphi = \frac{P_1}{\sqrt{3} \cdot U \cdot I}$	P_1 = zugeführte Leistung U = Außenleiterspannung I = Außenleiterstrom $\cos\varphi$ = Leistungsfaktor	P_1 in W U in V I in A	
Drehstrommotor: abgegebene Leistung	$\boldsymbol{P_2 = \sqrt{3} \cdot \eta \cdot U \cdot I \cdot \cos\varphi}$ $U = \frac{P_2}{\sqrt{3} \cdot \eta \cdot I \cdot \cos\varphi}$ $I = \frac{P_2}{\sqrt{3} \cdot \eta \cdot U \cdot \cos\varphi}$ $\cos\varphi = \frac{P_2}{\sqrt{3} \cdot \eta \cdot U \cdot I}$ $\eta = \frac{P_2}{\sqrt{3} \cdot U \cdot I \cdot \cos\varphi}$	P_2 = abgegebene Leistung U = Außenleiterspannung I = Außenleiterstrom $\cos\varphi$ = Leistungsfaktor η = Wirkungsgrad	P_2 in W U in V I in A	

Drehstrom-generator: zugeführte Leistung	$\boldsymbol{P_1 = \frac{\sqrt{3} \cdot U \cdot I \cdot \cos\varphi}{\eta}}$ $U = \frac{P_1 \cdot \eta}{\sqrt{3} \cdot I \cdot \cos\varphi}$ $I = \frac{P_1 \cdot \eta}{\sqrt{3} \cdot U \cdot \cos\varphi}$ $\cos\varphi = \frac{P_1 \cdot \eta}{\sqrt{3} \cdot U \cdot I}$ $\eta = \frac{\sqrt{3} \cdot U \cdot I \cdot \cos\varphi}{P_1}$	P_1 = zugeführte Leistung U = Außenleiter-spannung I = Außenleiterstrom $\cos\varphi$ = Leistungs-faktor η = Wirkungsgrad	P_1 in W U in V I in A	
Drehstrom-generator: abgegebene Leistung	$\boldsymbol{P_2 = \sqrt{3} \cdot U \cdot I \cdot \cos\varphi}$ $U = \frac{P_2}{\sqrt{3} \cdot I \cdot \cos\varphi}$ $I = \frac{P_2}{\sqrt{3} \cdot U \cdot \cos\varphi}$ $\cos\varphi = \frac{P_2}{\sqrt{3} \cdot U \cdot I}$	P_2 = abgegebene Leistung U = Außenleiter-spannung I = Außenleiterstrom $\cos\varphi$ = Leistungs-faktor	P_2 in W U in V I in A	

18.12 Elektronik

Gleichungsbezeichnung	Gleichung	Bedeutung der Formelzeichen	Einheiten	Erläuterungen
Spannungsverstärkungsfaktor	$\boldsymbol{v_u = \frac{u_2}{u_1}}$ $u_1 = \frac{u_2}{v_u}$ $u_2 = v_u \cdot u_1$	v_u = Spannungsverstärkungsfaktor. u_1 = Eingangsspannung u_2 = Ausgangsspannung	u_1 in V u_2 in V	
Stromverstärkungsfaktor	$\boldsymbol{v_i = \frac{i_2}{i_1}}$ $i_1 = \frac{i_2}{v_i}$ $i_2 = v_i \cdot i_1$	v_i = Stromverstärkungsfaktor i_1 = Eingangsstrom i_2 = Ausgangsstrom	i_1 in A i_2 in A	

Leistungs-verstärkungs-faktor	$v_p = \frac{p_2}{p_1}$ $p_1 = \frac{p_2}{v_p}$ $p_2 = v_p \cdot p_1$	v_p = Leistungsverstärkungsfaktor p_1 = Eingangsleistung p_2 = Ausgangsleistung	p_1 in W p_2 in W	
Spannungs-dämpfung	$d_u = 20 \lg \cdot \frac{u_2}{u_1}$	d_u = Spannungs-dämpfung u_1 = Eingangs-spannung u_2 = Ausgangs-spannung	d_u in dB u_1 in V u_2 in V	
Strom-dämpfung	$d_i = 20 \lg \cdot \frac{i_2}{i_1}$	d_i = Stromdämpfung i_1 = Eingangsstrom i_2 = Ausgangsstrom	d_i in dB i_1 in A i_2 in A	
Leistungs-dämpfung	$d_p = 10 \lg \cdot \frac{p_2}{p_1}$	d_p = Leistungs-dämpfung p_1 = Eingangsleistung p_2 = Ausgangsleistung	d_p in dB p_1 in W p_2 in W	

Gleichungsbezeichnung	Gleichung	Bedeutung der Formelzeichen	Einheiten	Erläuterungen
Stromverstärkungsfaktor beim Transistor (statisch)	$B = \frac{I_C}{I_B}$	B = Stromverstärkungsfaktor (statisch) I_C = Kollektorstrom I_B = Basisstrom	 I_C in A I_B in A	Gleichung gilt bei U_{CE} = konstant.
Emitterstrom beim Transistor	$I_E = I_B + I_C$	I_E = Emitterstrom I_B = Basisstrom I_C = Kollektorstrom	I_E in A I_B in A I_C in A	
Kollektor-Emitter-Spannung beim Transistor	$U_{CE} = U_{BE} + U_{CB}$	U_{CE} = Kollektor-Emitter-Spannung U_{BE} = Basis-Emitter-Spannung U_{CB} = Kollektor-Basis-Spannung	U_{CE} in V U_{BE} in V U_{CB} in V	

Stromverstärkungsfaktor beim Transistor (dynamisch)	$\boldsymbol{\beta = \frac{\Delta I_C}{\Delta I_B}}$	β = Stromverstärkungsfaktor (dynamisch) ΔI_C = Kollektorstromänderung ΔI_B = Basisstromänderung	 ΔI_C in A ΔI_B in A	Gleichung gilt bei U_{CE} = konstant.
Eingangswiderstand von Transistorschaltungen	$\boldsymbol{r_e = \frac{\Delta U_{BE}}{\Delta I_B}}$	r_e = Eingangswiderstand ΔU_{BE} = Basis-Emitter-Spannungsänderung ΔI_B = Basisstromänderung	r_e in Ω ΔU_{BE} in V ΔI_B in A	Gleichung gilt bei U_{CE} = konstant.
Ausgangswiderstand von Transistorschaltungen	$\boldsymbol{r_a = \frac{\Delta U_{CE}}{\Delta I_C}}$	r_a = Ausgangswiderstand ΔU_{CE} = Kollektor-Emitter-Spannungsänderung ΔI_C = Kollektorstromänderung	r_a in Ω ΔU_{CE} in V ΔI_C in A	Gleichung gilt bei I_B = konstant.

19. Atomphysik

Gleichungs-bezeichnung	Gleichung	Bedeutung der Formelzeichen	Ein-heiten	Erläuterungen
Kernradius	$r_k = r_e \cdot \sqrt[3]{M}$	r_k = Kernradius r_e = Elektronenradius M = Massenwert des Kerns	r_k in m r_e in m	$r_e = 1{,}41 \cdot 10^{-15}$ m
Atomradius	$r_A \approx \frac{1}{2} \sqrt[3]{\frac{1}{\varrho \cdot N_A}}$	r_A = Atomradius ϱ = Stoffdichte N_A = Avogadro-Konstante	r_A in m ϱ in kg/m^3 N_A in 1/kg	

Energie eines Strahlungsquants	$\boldsymbol{W = h \cdot f}$	W = Energie eines Strahlungsquants h = Plancksches Wirkungsquantum f = Strahlungsfrequenz	W in J h in Js f in Hz	$h = 6{,}626 \cdot 10^{-34}$ Js
Einsteinsche Gleichung	$\boldsymbol{W = m \cdot c_0^2}$	W = Energie m = Masse c_0 = Lichtgeschwindigkeit im Vakuum	W in J m in kg c_0 in $\frac{\text{m}}{\text{s}}$	
Masse eines Lichtquants	$\boldsymbol{m = \frac{h \cdot v}{c_0^2}}$	m = Masse eines Lichtquants h = Plancksches Wirkungsquantum v = Frequenz des Lichtquants c_0 = Lichtgeschwindigkeit im Vakuum	m in kg h in Js v in Hz c_0 in $\frac{\text{m}}{\text{s}}$	$h = 6{,}626 \cdot 10^{-34}$ Js $\boldsymbol{m = \frac{h}{\lambda \cdot c_0}}$ λ = Wellenlänge des Lichtquants

Gleichungs-bezeichnung	Gleichung	Bedeutung der Formelzeichen	Ein-heiten	Erläuterungen
Wellenlänge einer Materiewelle	$\lambda = \frac{h}{m \cdot v}$	λ = Wellenlänge einer Materiewelle h = Plancksches Wirkungsquantum m = Teilchenmasse v = Teilchengeschwindigkeit	λ in m h in Js m in kg v in $\frac{m}{s}$	$h = 6{,}626 \cdot 10^{-34}$ Js
Bahngeschwindigkeit eines Elektrons	$v = \frac{e^2}{2n \cdot \varepsilon_0 \cdot h}$	v = Bahngeschwindigkeit e = Elementarladung n = Elektronenbahnnummer ε_0 = elektrische Feldkonstante h = Plancksches Wirkungsquantum	v in $\frac{m}{s}$ e in As ε_0 in $\frac{As}{Vm}$ h in Js	$\lvert e \rvert = 1{,}602 \cdot 10^{-19}$ As $\varepsilon_0 = 8{,}86 \cdot 10^{-12} \frac{As}{Vm}$ $h = 6{,}626 \cdot 10^{-34}$ Js

Bahnradius	$r = n^2 \frac{\varepsilon_0 \cdot h^2}{\pi \cdot m \cdot e^2}$	r = Bahnradius n = Nummer der Elektronenbahn ε_0 = elektrische Feldkonstante h = Plancksches Wirkungsquantum m = Ruhemasse eines Elektrons e = elektrische Elementarladung	r in m ε_0 in $\frac{As}{Vm}$ h in Js m in kg e in As	$\lvert e \rvert = 1{,}602 \cdot 10^{-19}$ As $\varepsilon_0 = 8{,}86 \cdot 10^{-12} \frac{As}{Vm}$ $h = 6{,}626 \cdot 10^{-34}$ Js $m = 9{,}11 \cdot 10^{-31}$ kg
Kinetische Energie eines Elektrons	$W_k = \frac{m \cdot e^4}{8 n^2 \cdot \varepsilon_0^2 \cdot h^2}$	W_k = kinetische Energie m = Ruhemasse eines Elektrons e = elektrische Elementarladung n = Nummer der Elektronenbahn	W_k in J m in kg e in As	$\lvert e \rvert = 1{,}602 \cdot 10^{-19}$ As $\varepsilon_0 = 8{,}86 \cdot 10^{-12} \frac{As}{Vm}$ $h = 6{,}626 \cdot 10^{-34}$ Js $m = 9{,}11 \cdot 10^{-31}$ kg

Gleichungs-bezeichnung	Gleichung	Bedeutung der Formelzeichen	Ein-heiten	Erläuterungen
Kinetische Energie eines Elektrons		ε_0 = elektrische Feldkonstante h = Plancksches Wirkungs-quantum	ε_0 in $\frac{As}{Vm}$ h in Js	
Maximale Anzahl der Elektronen auf einer Schale	$z = 2n^2$	z = maximale Anzahl der Elektronen auf einer Schale n = Nummer der Elektronenbahn		

Raum für Notizen

Raum für Notizen

Raum für Notizen

Raum für Notizen